奄美の食と文化

久留ひろみ／ホライゾン編集室

もくじ

奄美の年中行事と食

調味料&食材

島野菜

ハンダマ

豆類他

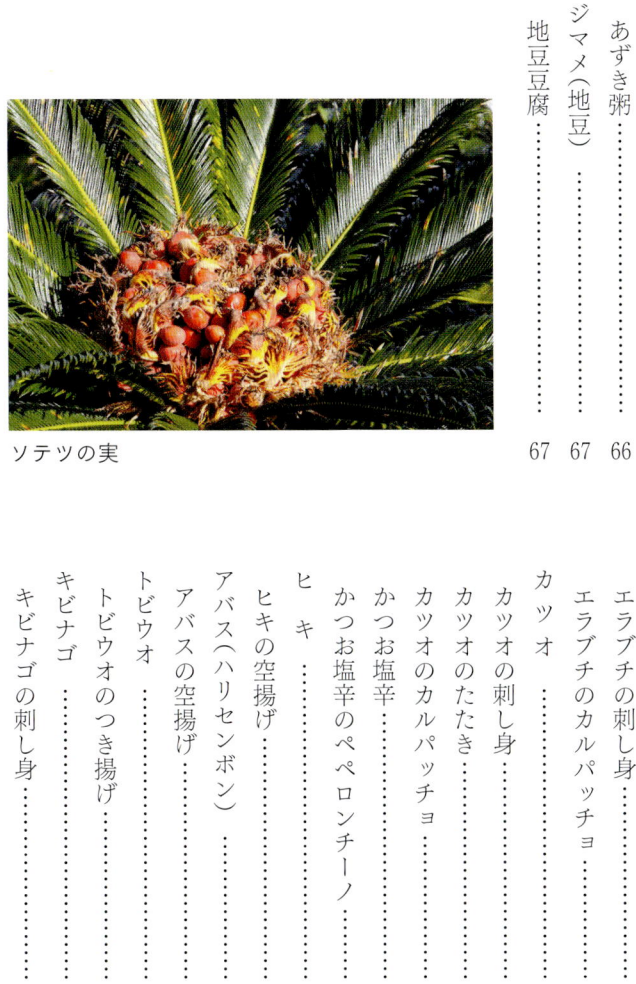

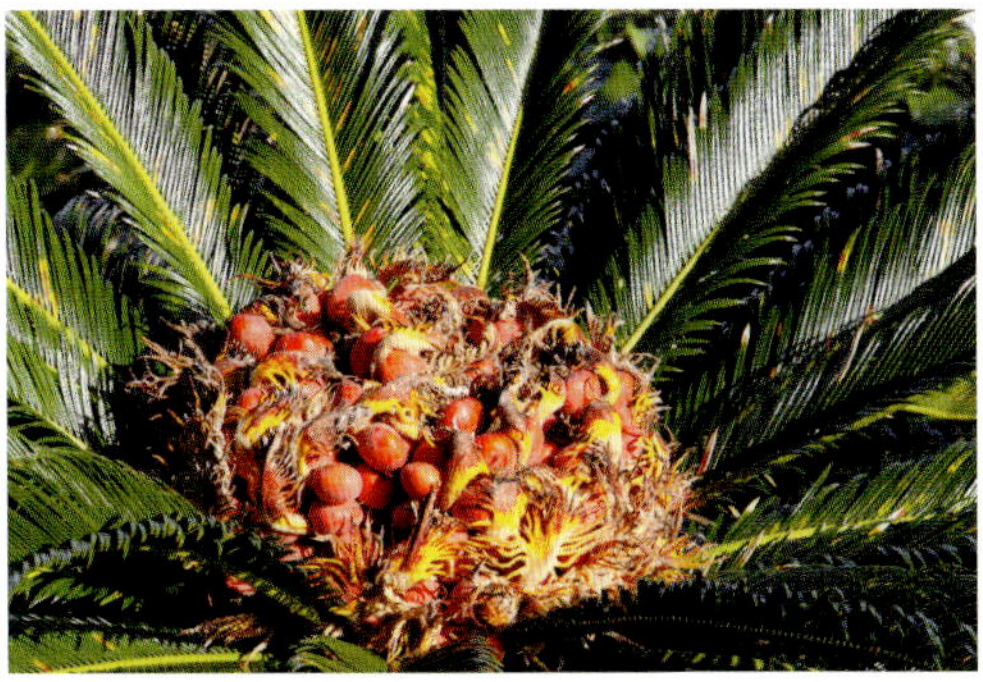
ソテツの実

魚介類

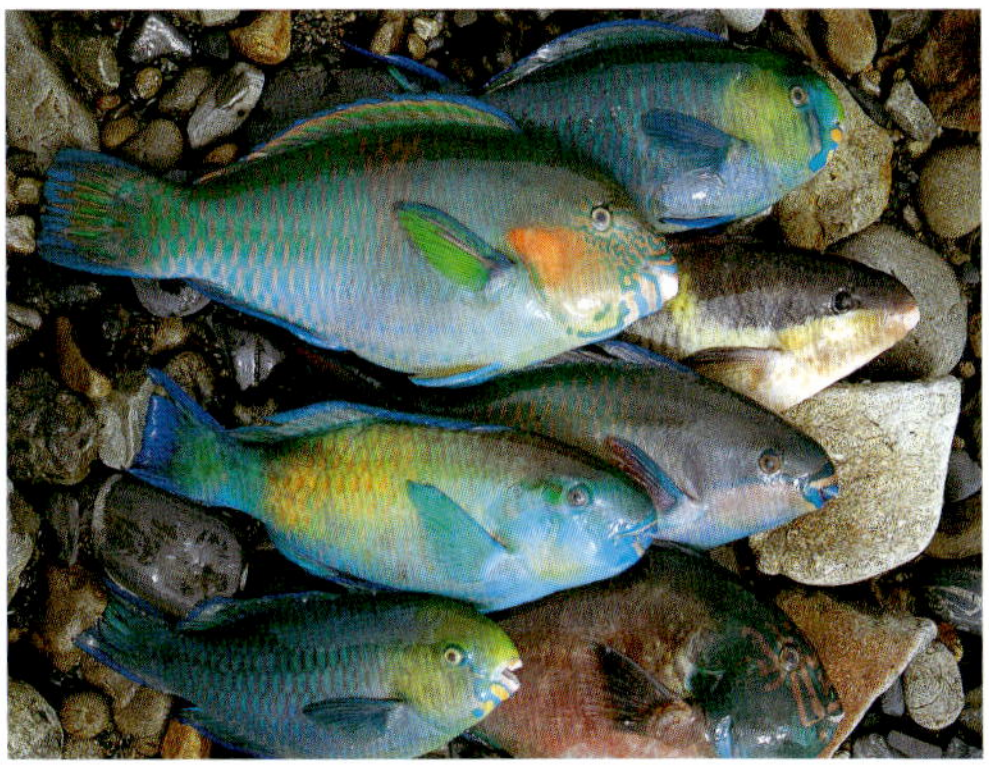
エラブチ

タンカン

達人たちのシマ料理

奄美群島の郷土料理

奄美の年中行事と食

浜下り行事（与論町）

三月三日《サンガチサンチ》

旧暦の三月三日(サンガチサンチ)の節句のころになると、奄美の人たちは心なしか胸が弾む。背後の山々は若葉が初々しい萌葱色となり、海にはアオサが生え、昼の干潮時にはサンゴ礁が浮き出てくるようになる。初夏がもう、そこまで来ているのだ。

私が小学生のころは、サンガチサンチの日には授業は午前中で終了し、親戚一同、あるいは一家総出で、浜に行くのが恒例であった。ぬる浜では、大人も子供も潮干狩りをした。ぬるんだ潮に足を入れて、胸いっぱいに磯の香りを吸い込む。「やっぱり島は最高」と思う瞬間である。奄美ではこの日に浜に行かないと、フクロウになるという言い伝えがある。

もう一つの楽しみは、海と山の幸をたっぷり詰め込んだ弁当を開くことだった。また、ヨモギ餅も欠かせなかった。

奄美には、こんな昔話が残っている。美しい娘に夜な夜な美男が通ってきていた。それを不思議に思った母親はその男の着物に糸をつけさせた。跡を辿ると、その正体は蛇であった。娘は既に子供を宿していたが、サンガチサンチの日に潮に浸かるとその子種が流れるという話を聞き、そのとおりにすると浄められたという。

サンガチサンチにヨモギ餅を食べるという習慣は、ヨモギは匂いが強く、それが魔除けや浄めになるからだといわれている。

今年も昔のように奄美の浜に行き、三月節句をしたいものだ。

―久留ひろみ―

与論町では、旧暦三月三日に初めての節句を迎える子供にわらじを履かせ、潮に浸からせ健康を祈る行事が行われる。男の子はティル(籠)に海の幸を入れ、女の子はソイ(ざる)にヨモギ餅などを入れる。

一重一瓶を持ち寄る（奄美市笠利町佐仁の浜オレ）

参考文献：惠原義盛著「奄美生活誌」（木耳社）

浜オレ

浜オレは、稲の害虫や病気を除く祭りで、豊作を願う稲作祭事の一つだったようです。

仕事を休み、年男だけが残って一日中断食し、田んぼの害虫を取って、芭蕉やクワズイモの葉に包んで川や海に流しました。

この日は火をおこしたり、煙を出すことを忌むので、かつては夜明け前にごちそうを作り重箱に詰めて浜に下り、昼食を取ったといわれます。

今でも集落前の海岸では、一重一瓶を持ち寄り　広げる風景が見られます。

浜オレ弁当

位牌の数だけお茶や料理を供える（奄美市笠利町屋仁）

盆行事

盆のことをブンモケ(盆迎え)といいます。奄美で盆行事をするようになったのは、薩摩藩統治になってからとのことです。

一般的には旧暦七月十三日に墓から精霊のお供をして、お茶と型菓子を位牌の数だけ供え、十四日からは小豆粥やそうめんの吸いものなどのごちそうを並べます。これらは外から見えないように、屏風で囲い灯籠を灯して行います。十五日(送り盆)には夕方暗くなる前に、送りのシュウケ(ご馳走)を供え、いっしょに食べてから一家そろって墓に御霊送りをします。

盆料理は昔は精進料理でしたが、近年は肉魚も用いられ、次第に変化しているようです。また、地域や家庭によって、供えものが異なります。

箸はショロバシという草の茎で作り、飯に突き立てておく（龍郷町秋名）

ツカリ日（アラセツの前日）　龍郷町秋名

平瀬マンカイ（龍郷町秋名）

赤飯をサンゴ石ではさんで神に供える

三八月《ミハチガツ》

かつて旧暦八月は稲の収穫を終え、畑の食べ物が最も豊富な月でした。八月の三節といわれるアラセツ(新節)、シバサシ(柴挿)、ドンガ(嫩芽)は、豊穣をもたらしてくれた神々への感謝をする祭りで三八月といいます。

龍郷町秋名集落では、アラセツの日(初丙《はつひのえ》)の未明にショチョガマを行い、来年の豊穣を予祝し、夕刻に行われる平瀬マンカイ(国指定重要無形民俗文化財)では海のかなたから神を迎え、浜で重箱を広げ、神と共に食する祝いの宴を催します。

シバサシの日(アラセツの後の壬《みずのえ》)には、夕方に門口でチカラグサ(オヒシバ)を焼く地域もあります。ドンガ(シバサシのあとの甲子《きのえね》)は、かつては先祖祭りの最も大事な日で、洗骨改葬するのもこの日でした。

平瀬マンカイ終了後、浜では重箱に入った弁当が広げられる

油井の豊年踊り（鹿児島県指定無形民俗文化財）。中入りには、サンダンカの花が添えられた新米で作った力飯（握り飯）が配られる（瀬戸内町油井）

八月十五日

旧暦八月十五日を十五夜といい、この日、奄美の各地では五穀豊穣を祈願して豊年相撲を取る集落が多くあります。

この日に相撲を取るようになったのは、旧藩時代に代官仮屋の役人達の求めに応じて仮屋のある地域を中心に始まり、次第に近隣に広まったからだそうです。仮屋が名瀬に移ってからは、名瀬の十五夜相撲が人気で、全島各村から島一番を競う男たちが集まってきたということです。最近は、敬老相撲と併せてこの日に行う地域が多くなっています。

中入りには力士に力をつけるため
ミキや握り飯が配られ、観客にもふるまわれる（龍郷町秋名）

前日に共同でミキを造る（瀬戸内町諸鈍）

奉納相撲（瀬戸内町諸鈍）

参考文献：改訂名瀬市誌（民俗編）

九月九日《クガチクンチ》

旧暦九月九日は、重陽の節句であるだけでなく、氏神、家神の祭りの願立て日でもありました。この日の前日にはミキを作り、九日の朝には昨年の九月九日に立てた祈願を下げる願直しをし、一年間の無病息災を神に感謝します。願直しでは、ミキ、魚、野菜(サトイモ)の煮物を供え、線香を焚いてお礼の言葉を唱え、礼拝をします。

願直しがすんだら、引き続き新米三升三合と酒を供え願立てをして、一年間家族が無病息災であるようにと祈願します。

浜に出て村の安全、家族の幸福などを祈願する浜願《はまがん》（大和村大棚）

シマ料理を囲んで、八月踊りを踊る（奄美市笠利町佐仁）

種おろし

かつては在来種のウヤニィ（親稲）が作られていて、この籾を旧暦九月から十月の庚申にまいていました。まく前に水に浸種しますが、これを種おろしといいます。この日に稲の豊作を予祝して各家々では餅を作り、人々は庭先でムチモレ踊り（餅もらい踊り）を踊り、家々を回りました。

家々ではご馳走などを準備して、踊り手にふるまいます。これらは人々の親睦と、集落行事の経費を集めるという重要な役割も担っていました。

ダシをたっぷり含んだ煮もの

仮装したムチモレ踊り（大和村）

年越しの豚料理三品　①豚の内臓と葉ニンニクを炒めたフルイリキ　②島豚と野菜の煮もの　③炊き上がる直前に豚の鮮血を入れてつくるチィーズィムン（血の吸い物）（協力／奄美民俗村）

大晦日《トシヌユ》

待ちに待った正月。かつては大人も子供もウキウキした思いで、準備にかかっていました。各家庭では、旧暦十二月二十六、七日ごろに飼っていた島豚を屠殺し、年末に餅をつき、畑仕事などを終えて、正月の準備をしました。そして大晦日には、家族全員そろっての年越し祝い。年取り餅を一個ずつ食べ、子供も大人も豚肉をお腹いっぱい食べました。

豚肉を大鍋で煮込む

ウァンフィネヤッセ（大きく切った島豚とツワブキ、昆布、ダイコン、ニンジン、コシャマンなどを煮込んだもの）は、奄美の年越し料理で大御馳走だった（龍郷町秋名）

床間の飾り
松の生花や鏡餅のほか、ダイコンで作った鶴や、ソテツで作った亀などが飾られた（協力／奄美民俗村）

トシトリモチ（年取り餅）は丸餅

正月

正月や祝日のようなハレの席においては、三献《さんごん》は欠かすことができない儀礼食の一つです。

かつて正月の朝は風呂に入り、身を清めて正装して静かにこの時間を迎えました。床の間に家族全員がそろい、正座して三献にあずかります。

地域によって、三献の作法は多少異なりますが、おおよそは以下のようなものです。まず、家長が注いだ焼酎を家族それぞれが頂きます。そこへ、一の膳（餅の吸い物）がうやうやしく運ばれ、家長の「おしょろ（どうぞ）」という言葉とともに食べます。食べ終わると、また焼酎が振る舞われ、二の膳（刺し身）が運ばれて来ます。これを頂いたらまた焼酎を口に運びます。三の膳（豚の吸い物）が運びこまれ、これをいただきます。

三献料理（龍郷町秋名）
※膳は、それぞれが食べ終わってから、次の膳が運ばれてくる。一の膳と、三の膳の汁椀にはそれぞれ蓋がつく

奄美大島(北部)の三献料理

サンブ（三宝）
床の間には、高膳に半紙を敷いた上に塩、昆布の刻んだもの、魚の干物を裂いたものか、するめの三種を盛る。これをサンブという。

▲一の膳(餅の吸い物)

材料(4人分)
(参考例)

餅	4切れ
芋(コシャマン)	4切れ
白身魚	4切れ
卵	2個
エビ	4尾
かまぼこ	4切れ
ネギ、せんもと、あるいは三つ葉	少々

※祝い事なので、5や7種の奇数の具材を入れる。

〈だし汁〉

水	800cc
昆布	10cm
塩	小さじ1
薄口醤油	小さじ2
干しシイタケ	4枚
かつお節	40g

作り方(例)

① かつお節と昆布、干しシイタケでだし汁をとり、塩と薄口醤油で味を調える。
② うす塩をした魚を厚く切り、焼いておく。芋(コシャマン)、エビ、卵は茹でておく。
③ かまぼこ、ネギを切っておく。
④ 塗り椀(赤の塗り椀が一般的)の底に、だしをとった昆布を3cm角に切って敷く。
⑤ 焼いた餅と、焼き魚、茹でて平らに切った芋、やや厚めのかまぼこ、エビと茹で卵(1/2個)、シイタケを並べ、せんもとあるいは三つ葉を飾る。
⑥ 温めただし汁をそそぎ、椀の蓋をする。

※ 各集落、各家庭で作り方に違いがある。

▲二の膳（刺し身）

材料（4人分）

白身魚の刺し身（タコ、イカの生か酢ダコでも可）　8切れ
ショウガ薄切り　4枚
酢（または酢醤油）　適量

作り方

① 白身魚かタコの刺し身を、2切れずつ皿に盛る。
② ショウガの薄切りを添える。
③ 酢あるいは酢醤油をかける。

奄美の七草風景。奄美では数えで七歳になった子が親戚や知り合いの家を七軒回って、ナンカンジョセ（根菜類を入れた粥の上に塩豚の煮込みを乗せた奄美独特の七草粥）をもらい、健やかな成長を祈る。

▲三の膳（豚の吸い物）

材料（4人分）

豚肉の塊あるいは鶏肉（現在は鶏肉が多い）　200g
ダイコン　120g
葉ニンニクあるいはネギ　少々
だし汁　800cc
塩　小さじ1
薄口醤油　小さじ2

作り方

① 豚肉（あるいは鶏肉）は塊のまま軟らかく煮て、一口大に切る。
② ①の煮汁をだし汁にして、塩、醤油で味を調える。
③ ダイコンはさいの目に切り、茹でる。葉ニンニクは4cmほどに切り、温めた汁をくぐらせておく。
④ 蓋つき塗り椀（黒塗りが一般的）にダイコン、豚（あるいは鶏肉）を盛り、最後に葉ニンニクをのせる。
⑤ 温めただし汁をかけ、椀の蓋をする。

※ 各集落、各家庭で作り方に多少の違いがある。

家長が、小さく切った昆布に塩をつけ、各人に渡す。（龍郷町秋名）

調味料&食材

奄美の調味料《さしすせそ》&食材

キビ汁を煮つめる

サトウキビを搾る

さ 黒糖

黒糖は、サトウキビ(砂糖黍/イネ科)の搾り汁をそのまま煮詰めて作られる加工品です。糖質のほかにカルシウム(上白糖の240倍)、鉄(同47倍)、カリウム(同110倍)が豊富。そのほか、リン、マグネシウムも含まれ、現代の食生活で摂取不足が指摘されるミネラルの補給源となります。

黒糖

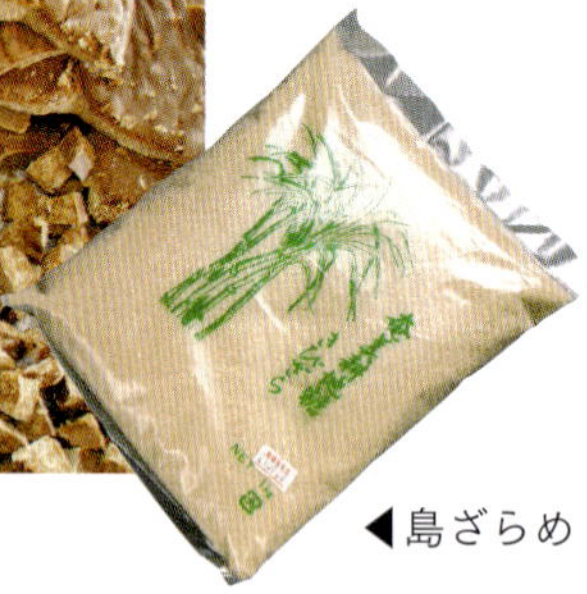
◀島ざらめ

また、ビタミンB_1・B_2・B_6が含まれていることも特長です。

アルカリ性食品で、ストレスや疲労の解消、美肌効果、中性脂肪やコレステロールを減らし、動脈硬化などを予防する効果があるといわれています。

し 自然塩

奄美の島々でも、かつては塩作りが盛んでした。海岸に共同のマシュタキヤドリ(塩炊き小屋)を建て、天気の良い日は早朝から家族で自家用に潮汲み、塩炊きをして製塩をしていました。

専売制度により1905年から1997年までは製塩が規制されましたが、廃止とともに再び自然塩が脚光を浴びています。

辛みだけでなく、甘みや苦みも感じられる自然塩は、焼き魚や焼き肉、天ぷらなどに最適です。

自然塩には苦みのもとであるニガリ(マグネシウム)やミネラルが入っているため、血圧上昇など人体に対する有毒作用も緩和されます。また、喉や歯の痛み、急性結膜炎、便秘などにもよいとされています。

す きび酢

かつては各家庭できび酢が造られていました。冷蔵庫がなかった時代、刺し身は薄塩にして酢で締めて食べていたようです。

きび酢の由来は、サトウキビの汁を煮詰めて黒糖を作った際、その釜を洗い流さず水を入れたまま放置しておいたところ、甘酸っぱい液体(きび酢)ができたと伝えられています。黒糖の洗い汁に空気中を浮遊している土着の酵母菌と、酢酸菌が作用し、南国の湿度と気温の中で天然発酵が進み、酢ができたのでしょう。

　きび酢は醸造酢に分類され、一般の穀物酢に比べて鉄分、マグネシウム、カリウムなどのミネラルの含有量は圧倒的です。食物繊維なども豊富に含まれる一方、高血圧の原因といわれるナトリウムは微量です。さらに最近の研究で、活性酸素の働きを抑え、がんの抑制にもつながるといわれるポリフェノールが多く含まれていることがわかりました。

せ 醤油

　醤油は江戸時代から自家製造で造られて来ました。現在、奄美には醤油会社が2社あり、こだわりの味が製造されています。

　一般的に北国では辛口の醤油が好まれ、南の地方では甘口が好まれるようですが、奄美でも、甘口醤油が多く使われます。

黒糖焼酎

　代表的な特産品の黒糖焼酎は、蒸した米麹を発酵させ、そこにサトウキビ汁を煮詰めて固形にした黒糖を溶かし入れ、熟成したもろみを蒸留して造ります。

　黒糖の香りはしますが、糖分はゼロ。また酒は昔から「百薬の長」といわれ、特に黒糖焼酎などの本格焼酎は、血栓を溶かす酵素（ウロキナーゼとプラスミン）を血液中で増やし、血液をサラサラにするという効果が報告されています。

　焼酎の製法はタイから沖縄に伝わり、奄美にも伝来して黒糖と出合い、現在の黒糖焼酎が生まれたといわれています。第二次世界大戦後、米軍政府下となった奄美が1953年に日本に復帰するとき、奄美の黒糖で造って飲んでいた実績が評価され、同じ原料のラム酒より酒税を安くするため米麹を使うことを条件に日本で唯一、奄美諸島に限り、黒糖原料の焼酎製造が許可されました。

　蒸留方法には、昔ながらの風味を残す常圧蒸留と、さわやかな飲み口の減圧蒸留とがあります。奄美諸島には25の酒造所があり、こだわりの焼酎が造られています。

黒糖を溶かし入れる
二次仕込み

そ 味噌

　「味噌を食べる」という言葉を奄美ではよく聞きます。特に、粒味噌（チャジョケミソ）に豚や魚、イカ、タコなどを漬け込んだ総菜「茶うけ味噌」は昔からよく食べられてきました。また、エビ汁、魚汁、イカのマダ汁など、汁ものにも味噌（シルワーシミソ）は大活躍。味噌は、奄美の料理には欠かせない味といえるでしょう。

　かつて味噌造りは、奄美の女性の大事な仕事でした。諺にも、「ノロウリキランムントゥ

茶うけ用味噌に利用される粒味噌。ソテツの実《ナリ》（P.65）を入れたものも好まれる

ミスツィキキランムンヤ　ヤータティンナ」(紬を織れない者と、味噌のつき方を知らない者は嫁にやるな)とか、「ミスヤ　ショテヌムトゥ」(味噌は所帯のもと)といわれたほどです。

味噌は大豆、麹、食塩をまぜ、発酵熟成させたものですが、奄美ではソテツの実を砕いて味噌に入れる「ナリ味噌」が昔から作られてきました。

主原料の大豆は、畑の肉といわれる良質のタンパク質源です。生命維持に不可欠な必須アミノ酸が多く、また、過酸化脂質の増加を防ぐサポニン、ビタミン群、カリウム、カルシウム、食物繊維などさまざまな栄養素が豊富に含まれています。特にイソフラボンは、骨粗鬆症の予防や美肌効果等が近年注目されています。

食材ほか

かつお節

カツオ漁(奄美市名瀬大熊)

正月料理の汁物や、煮物にだしが使われるほか、茶うけ味噌に削り節を入れるなどかつお節は広く利用されています。かつお節のうま味成分(イノシン酸ナトリウム)は、昆布のうま味成分(グルタミン酸ナトリウム)と一緒になると、相乗効果で強いうま味が出るようです。

煮出しは、沸騰した湯に削ったかつお節を入れて短時間で取り除きます。これは、うま味であるイノシン酸や遊離アミノ酸が1分以内に抽出されるからです。

奄美大島のカツオ漁は、1900年から操業開始されました。各地でかつお節工場もできるほどの活況だったようです。現在では、奄美市大熊や瀬戸内町などで操業が続けられており、新鮮なカツオの刺し身のほか、生利節、かつお節、塩辛などが販売されています。

いりこ

野菜の煮物や油ぞうめんなどにいりこは欠かせません。うま味がよく出るキビナゴの煮干しがよく使われています。

油でカリカリに炒めてから使うと、香ばしいだしが取れます。そのまま食べれば、カルシウムたっぷりです。

干しシイタケ

干しシイタケは含まれるグアニル酸やグルタミン酸などがうま味成分になっており、煮物やだしによく使われます。シイタケは日光に干すことで風味・栄養が増し、特にビタミンDが増えるといわれています。ビタミンDはカルシウムやリンの吸収を促進し、骨を丈夫にする働きがあります。また各種ビタミンB群・C、鉄分、ミネラルのほか食物繊維も豊富です。

昆布

昆布はよく煮物などで食べられます。アルギン酸を多く含み、血中コレステロール値、血圧を下げる作用があるほかカルシウムやビタミン類、多糖類、食物繊維なども豊富で、長寿食として優れた食材といわれています。

奄美では昆布は採れませんが藩政下に北前船で堺港へ運ばれて加工販売された北海道産の昆布が、奄美の黒糖と交換され持ち込まれました。当時は、経済的に余裕のある人しか食べられない貴重品だったようです。

切り干しダイコン

切り干し大根は年越し料理(ウァンフィネヤッセ／豚骨と野菜の煮込みが代表的)などの煮込み料理によく利用されます。出回る冬には、自家製の切り干しダイコン作りも見られます。肉質が密で軟らかく、甘味のあるものが喜ばれ、色の白いものが新鮮。水やぬるま湯で戻して使用します。

▲寒風にさらされる
切り干しダイコン
(奄美市名瀬有良)

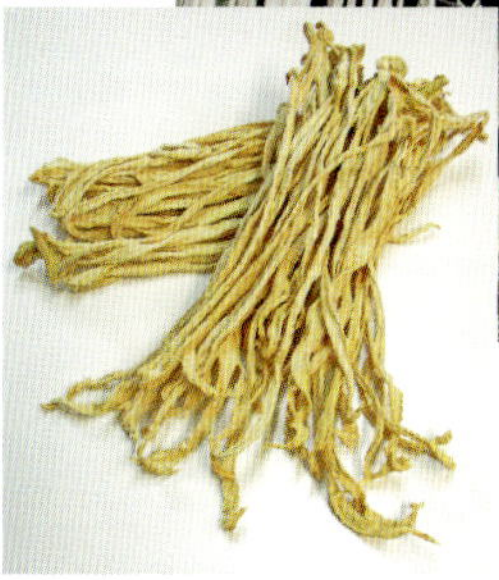

肉厚な切り干しダイコン

そうめん

昆布と同様、地元では作られないのに奄美の郷土料理に欠かせないのがそうめんです。油ぞうめんや、吸い物にもよく使われています。

そうめんは昆布と同様、大坂や指宿市山川方面の生産地と結びついて、砂糖と交換された貴重品でした。現在のように日常的に普及し主食の地位になったのは、昭和に入ってからと考えられています。料理法は、「汁に入れて食する」ものでした。１９３６年の記録に、「油をだしにしたそうめん」という記述があるとのことから、油ぞうめんは結構新しい料理のようです。

月桃《げっとう》とクマタケラン

月桃やクマタケランの葉は、よもぎ餅を包んだり、料理の下に敷いたりと幅広く利用されます。色艶が美しく草全体に独特な香りがあるほか、防虫、防菌、防カビの効果があることも知られています。特にクマタケランは、葉が軟らかく丈夫なのでよく利用されます。

方言名／サネン

サトウキビは島の宝

夏の強い日差しのなかで、すくすく育つサトウキビ。奄美群島の基幹産業であるサトウキビ栽培の歴史は、４００年ほど前に遡るといわれています。慶長年間に大和村の直川智が琉球へ行く途中、中国福建省へ漂着。そこで製糖法を覚えて苗を持ち帰り、サトウキビを育成したのが始まりといわれていました。しかし近年になり、１６９０年ごろに技術が導入されたことがわかりました。

１６０９年に、奄美群島は薩摩藩支配下におかれました。やがてサトウキビから作られる黒糖は、藩の専売となります。黒糖は薬種として高価で売れたため、藩は莫大な収益を得たといわれます。しかし島の人々は過酷な労働を強いられ、苦しい時代を生きなければなりませんでした。

そして時代は移り、現在ではサトウキビから作られる黒糖や黒糖焼酎、サトウキビ酢などが、奄美の特産品として日本中の人気を集めるようになりました。先人たちの努力のおかげで、サトウキビは奄美の宝として現代に受け継がれてきたのです。

っぱい島野菜

和名／パパイヤ（パパイヤ科）
方言名／マンジュウマイ・モックヮ

和名／フダンソウ（アガサ科）
方言名／トウナーなど

和名／スイゼンジナ（キク科）
方言名／ハンダマ

和名／ヘチマ（ウリ科）
方言名／ナヴィラ・ナブィラなど

和名／キュウリ（ウリ科）

和名／ニンニク（ユリ科）
方言名／フル・ヒル
（葉ニンニク）

奄美の島野菜カレンダー

凡例
収穫時期
旬の時期

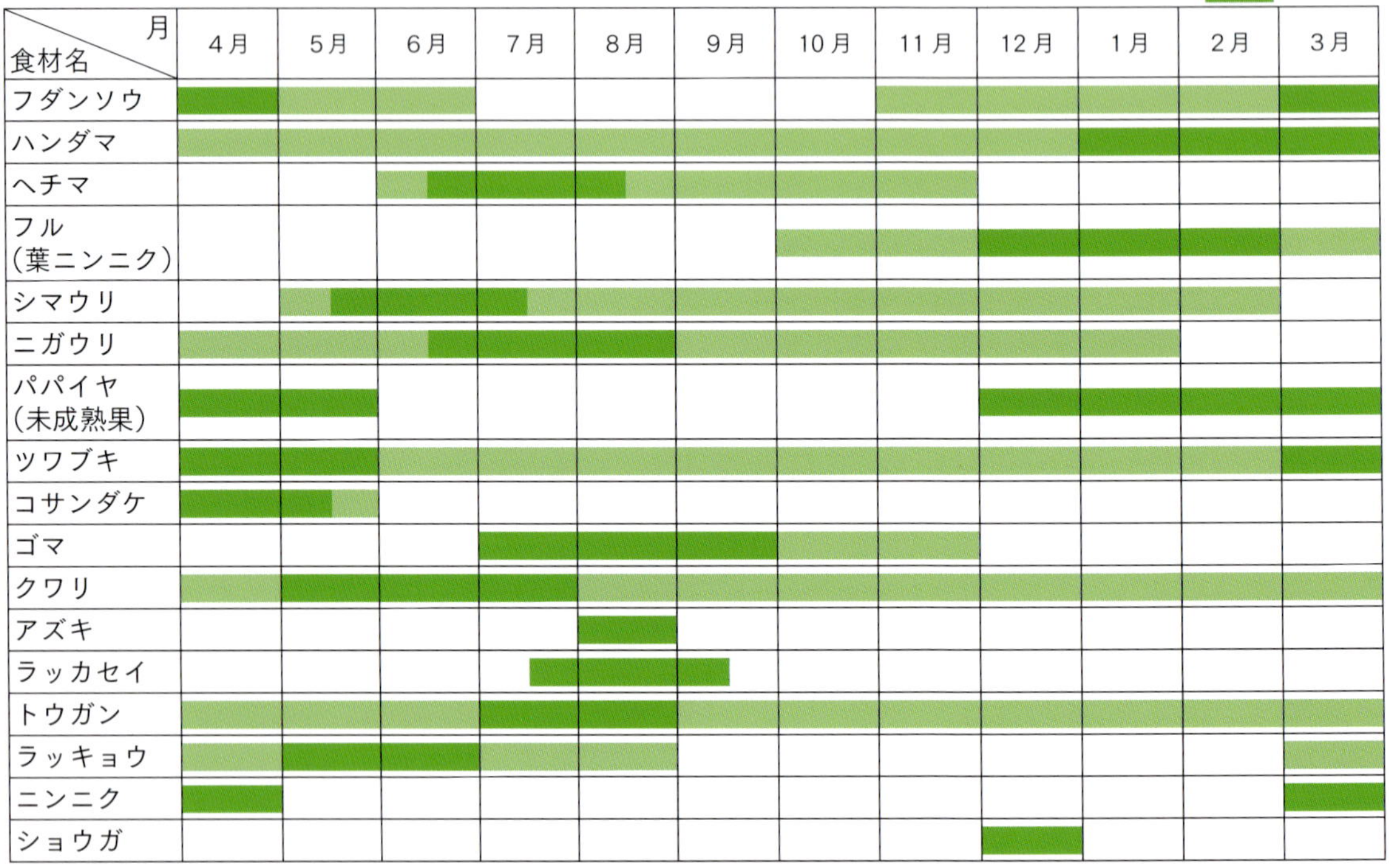

奄美の元気い

島野菜

和名／ツワブキ（キク科）
方言名／ツワなど

コサンダケ
和名／ホテイチク（イネ科）
方言名／ダーナ・クサン・
クサンデーなど

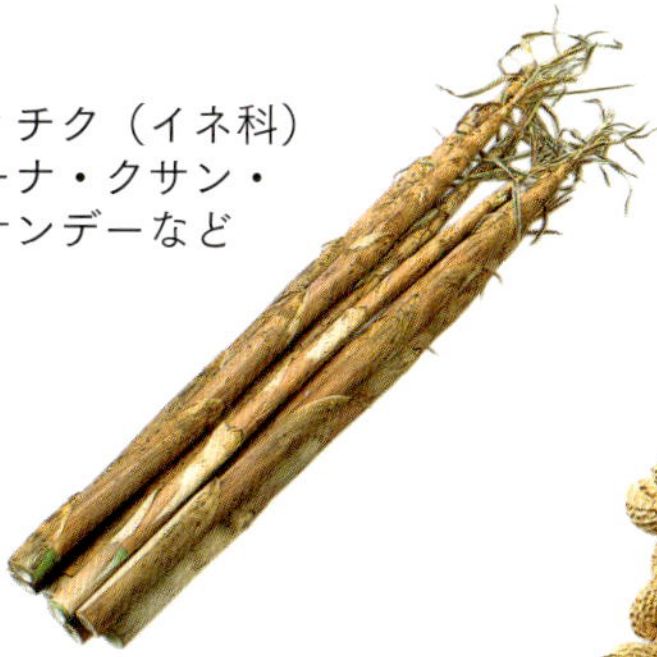

地豆
和名／ラッカセイ（マメ科）
方言名／ジマムィ

和名／ゴマ（ゴマ科）
方言名／グマなど

クワリ
（タイモの葉柄）

和名／ニンニク（ユリ科）
方言名／フルンガブ

和名／アズキ(マメ科)

和名／ラッキョウ（ユリ科）
方言名／ガッキョ・
ラッキョなど

和名／トウガン(ウリ科)
方言名／シブリ・スブィ

和名／ショウガ
（ショウガ科）

ニガウリ
和名／ツルレイシ（ウリ科）
方言名／ニギャウリ・ニギャグリ・
ニギャウィなど

和名／ツルレイシ

ニガウリ

（ウリ科）

熱帯アジア原産の一年生つる性草木

旬 年間を通じてほとんど栽培できるが、6月中旬～8月が旬。

歴史 沖縄の「琉球国由来記」（1713年）にその名が見られることから、それ以前に沖縄へ入ったものと思われ、その後、奄美へ伝わったと考えられる。

栄養 ビタミンCの含有がきわめて多く、ビタミンA（カロチン）、ミネラル分も多い。カリウム、葉酸など。果皮に苦み物質やアデニンなどを含む。

特徴 熱に強いビタミンを持つ。

効用 抗酸化作用、発汗作用、赤血球の形成を助ける。苦み成分のモモルデシンが、夏の食欲増進、夏負け防止など。

選び方と保存

緑色が鮮やかで、突起がピンと張ったものが新鮮。

中のワタの部分から傷みやすいので、縦に2つ切りにして種やワタ部分を取り、新聞紙にくるんで冷蔵庫で保存し、なるべく早く使い切る。

白いワタと種の部分を取ると、苦みが和らぐ。

島野菜

方言名／
ニギャウリ・ニギャグリ
ニギャウィなど

ニガウリの味噌炒め

材料（4人分）

粒味噌	100g
豚三枚肉	80g
葉ニンニク（フル）	20g
ニガウリ	1本
ニンジン	¼本
油	大さじ1
卵	2個
砂糖	適量

好みで豆腐（木綿）を½丁入れる

作り方

① ニガウリは縦半分に切って種とワタを取り、5㎜ほどの厚さに切る。ニンジンは薄く半月切りにする。

② 豚三枚肉は茹でてスライスする。

③ フライパンに油を入れ、①を入れて強火で炒め、②を入れる。

④ 砂糖、味噌を入れて味を調え、最後に葉ニンニクを入れる。

⑤ 卵を溶いて全体に回し入れ、ふんわり炒め和える。

ワンポイント

好みで豆腐を入れる時は水気をよく切り、素揚げにしてからニガウリの次に炒める。保存食の豚味噌を使うと便利。（P．122～123参照）

ニガウリの味噌炒め

味噌とニガウリの味が絶品です。
とろっとした卵でとじて熱々をどうぞ

ニガウリの天ぷら

輪切りにしたニガウリは見た目も楽しく、
抹茶やウコン塩を添えると、豪華な一品になります

材料（4人分）

ニガウリ	1本（250g）
小麦粉	100g
卵	1個
水	150cc
氷	1片
自然塩	少々
ウコン粉／抹茶	少々
揚げ油	適量

作り方

① ニガウリは両端を切り落とし、スプーンでワタをくり抜く。

② ①を8㎜ぐらいの輪切りにする。

③ 卵と氷を入れた冷水をまぜる。

④ ふるった小麦粉を半分ずつに分けて③に入れ、さっくりとまぜる。

⑤ ②を④にくぐらせ、170℃くらいの油でカラッと揚げる。

⑥ 塩はフライパンで焼き塩にし、ウコン粉や抹茶をそれぞれ少しずつまぜる。

ワンポイント

小麦粉をさっくりとまぜると、カラッと揚がる。付け塩は、奄美の自然塩がよく合う。焼き塩にすると柔らかい味に。

ニガウリの梅肉和え

梅肉で和えて、さっぱりと和風に

材料(4人分)

ニガウリ　2本
梅肉　30g
かつお節　4g
三杯酢　¼カップ

作り方

① ニガウリは、そのまま火であぶる(少し焦げ目がつくぐらいが香ばしい)。
② ①を冷水に取り、冷ましてから縦半分に切ってワタを取り、薄くスライスする。
③ 三杯酢と梅肉を和えておく。
④ ボウルで②③とかつお節をまぜ合わせる。
⑤ 器に④を盛り付ける。

※三杯酢
酢　大さじ3
島ざらめ　大さじ1½
薄口醤油　大さじ1

ワンポイント

ニガウリをあぶるのがポイント。苦みが少なくなり香ばしくなる。

ニガウリのアイスクリーム

緑色が美しいニガウリのアイス。デザートにもおやつにも、喜ばれます

材料(4人分)

ニガウリ　2本
卵　1個(M)
牛乳　60cc
グラニュー糖　60g
ガムシロップ　40cc
生クリーム　160cc
氷水　適量
クコの実　4粒

作り方

① ニガウリは4枚ほど薄くスライスしておき、残りの表面をおろし金ですりおろす。
② 卵を白身と黄身に分け、卵白にグラニュー糖を半量加え、泡立ててメレンゲを作る。
③ ②のメレンゲにガムシロップを加え、かきまぜておく。
④ 卵黄に残りのグラニュー糖を加え、かきまぜる。
⑤ 牛乳を温めて④に加え、かきまぜてカスタードソースを作り、氷水で冷やしておく。
⑥ 生クリームを角が立つくらい泡立てて⑤をまぜ、すりおろした①を加える。
⑦ ③に⑥を入れ、さっくりまぜる。
⑧ ⑦をバットに流し、冷凍庫で冷やし固める。途中2、3回かきまぜるとクリーミーに。
⑨ クコの実とスライスしておいたニガウリを飾る。

ワンポイント

すりおろしたニガウリにガムシロップを加え、煮詰めたニガウリソースをかけるとさらに美しい。

和名／スイゼンジナ

ハンダマ

（キク科）

旬 1～3月

歴史 原産地の熱帯アジアから中国を経由して日本に伝わったとされる。寒さに弱いため、日本国内では沖縄から南九州の暖かい地に野生化した状態で生育している。沖縄では古くから「血の薬・不老長寿の薬」といわれ、民間療法でおおいに利用されていた。

栄養 カルシウム、鉄分、ポリフェノール、カロチン（ビタミンA）、ビタミンB_2、ビタミンC。

特徴 表面は緑色、裏面は赤紫色で、茹でると多少ぬめりが出てくる。多年草。

効用 骨や歯の形成、抗酸化作用、赤血球の形成、粘膜の健康維持などを助ける。鉄分が豊富で、貧血に効果的。目の疲れ・はれ、風邪のひき始めに良い。

選び方と保存

葉の緑と紫が濃く鮮やかで、みずみずしいものを選ぶ。傷みやすいので早めに使い切るのがよいが、保存する場合は湿らせた新聞紙などで包み、ビニール袋に入れて冷蔵庫に入れる。酢を入れて茹でると、紫色がきれいに出る。炒めると、匂いが気にならず食べやすい。

方言名／ハンダマ

ハンダマの酢味噌和え

酢味噌とからめて、箸休めの一品に

材料（4人分）

ハンダマ　1把（300g）

〈酢味噌〉

きび酢（好みの酢でも可）　大さじ1

だし汁　大さじ2

味噌　大さじ3

砂糖　大さじ1

みりん　大さじ1

作り方

① ハンダマはよく洗い、熱湯でさっと茹でる。酢味噌は材料をすべて合わせておく。

② 茹でたハンダマを冷水で冷やし、水気を切って3㎝ぐらいに切り、酢味噌で和える。

ハンダマの白和え

低カロリーで栄養豊富な白和えは、冷やすといっそうおいしくいただけます

材料（4人分）

ハンダマ	400g
絹ごし豆腐	1丁(350g)
白ゴマ	50g
薄口醤油	小さじ2
味噌	大さじ1
砂糖	大さじ2
塩	少々
酒	大さじ1

作り方

①豆腐はペーパータオル等で包み、重石をして1時間くらいおき、よく水切りをする。

②ハンダマはよく洗い3㎝の長さに切って、沸騰した湯に塩少々を入れ硬めに茹でてから冷水に取り、水気を絞る。

③ゴマは弱火で軽く空炒りし、滑らかになるまでよくする。

④すり鉢に豆腐をちぎって入れ、滑らかになるまですりつぶし、砂糖、味噌、塩を順に加えて軽く合わせる。

⑤④によく水気を搾ったハンダマを加えて和える。

ハンダマの生春巻き

野菜をいっぱい巻いてヘルシーな生春巻きに。
ハンダマの紫色が食卓を彩ります

材料(4人分)

ハンダマ　8枚
エビ　4尾
レタス　適量
キュウリ　適量
ミニトマト　2個
生春巻きの皮　2枚
スイートチリソース　適量
マヨネーズ　少々
クコの実　適量

作り方

① ハンダマはよく洗っておく。キュウリ、レタスは千切りにする。エビは茹でて皮をむいておく。
② 生春巻きの皮はぬるま湯で戻し、まな板に広げる。
③ ②の中央に、千切りにしたレタス、キュウリ、ハンダマ、エビ、ミニトマトをのせる。エビは、2尾を交差させてのせる。
④ ③を丁寧に巻き、両端は折り込んでおく。
⑤ ④を斜めに切り、皿にハンダマを敷いて盛り付ける。クコの実をトッピングする。
⑥ ⑤に上からスイートチリソースをかけ、マヨネーズを絞る。

ワンポイント

スイートチリソースのほか、わさびマヨネーズ、島ミカン入り酢味噌や、柚子味噌も合う。エビのほか、マグロや白身魚でもOK。手前に締めながら巻き込むと、形の良い生春巻きに。

島野菜

ハンダマのゼリー

美しい薄紫色の煮汁を利用したゼリーはいかが

材料(4人分)

ハンダマ　150g
グラニュー糖　40g
ゼラチン　10g
水　550cc

作り方

① 沸騰した湯(500cc)にハンダマを入れ、茹でる。茹で汁はとっておく。
② ゼラチンは5倍の水(50cc)で、10分間ふやかす。
③ 煮汁(350cc)を鍋に入れ、砂糖を溶かす。火を止めて50~60℃になったら②を入れて溶かす。
④ 容器に流し入れ、冷蔵庫で固まらせる。
⑤ 食べやすい大きさに切り、生のハンダマの葉を添える。

和名／ニンニク

フル（葉ニンニク）

（ユリ科）

島野菜

旬 12～2月

歴史 アジア原産で、古い時期に中国から入ってきたと思われる。沖縄では、15世紀に葉や鱗《りん》形が食用にされていたという。

栄養 ビタミンC、カリウム、ポリフェノール、鉄分。

特徴 冬場の重要な野菜で、炒め物、鍋物、和え物などによく使われる。ニンニクを直接食べるよりも香りが楽しめる。味は柔らかく、葉はニラよりも歯ごたえがある。多年草。

効用 葉ニンニクは、ニンニク球ができる前の若い茎葉で、ビタミンB_1の体内吸収をよくする硫化アリルと、抗酸化作用があるといわれているポリフェノールを多く含んでいる。新陳代謝や血行を良くし、強壮、風邪の予防にも。

方言名／フル・ヒル

ワンポイント

油との相性が抜群で、油ぞうめん、豚肉炒め、豚汁などに利用される。彩りや香り付けにもよい。

フルイキ
（フルと三枚肉の炒めもの）

フルの香りが食欲をそそる家庭料理です。手軽にできておいしいので、総菜やつまみにも喜ばれます

材料（４人分）

フル	３００ｇ
厚揚げ	２００ｇ
豚三枚肉（塊）	２００ｇ
赤ピーマン	½個
濃口醤油	大さじ１
島ざらめ	小さじ２
油	少々

作り方

① フルは洗って３㎝くらいに切っておく。茎と葉を分ける。
② 厚揚げは食べやすい大きさに切る。豚三枚肉も一口大に切っておく。
③ フライパンに油を引き、豚肉を炒める。
④ ③にフルの茎部分と厚揚げを入れ炒め、最後にフルの葉を加える。
⑤ ④に島ざらめ、醤油を入れて味を調える。

和名／ニラ

ニラ

（ユリ科）

旬 4月中旬~6月、8月中旬~9月

歴史 東アジアの各地に自生し、中国では紀元前から栽培された。日本では『古事記』や『日本書紀』に記載されており、『万葉集』では「久々美良(くくみら)」として記されている。この「みら」がなまって「にら」になったといわれる。

栄養 カロチンのほか、ビタミンA・ビタミンB_1・B_2・ビタミンC・カルシウム、カリウムなどを含む。ニラに含まれる硫化アリルは、ビタミンB_1を体内に長く留めておく作用があるので、スタミナ増強食品としての利用がある。また、新陳代謝を促して、食欲増進、風邪の予防などにも効果が期待できる。

効用 匂い成分のアリシンがビタミンB_1と結合してその吸収を良くし、代謝機能を高める。昔から胃腸(特に下痢)に効く野菜として親しまれてきた。疲労回復、冷え症改善、整腸作用、食欲増進、消化促進、老化防止等。

選び方と保存

葉がピンとしていて、しなびたり途中で折れたりしていないものを選ぶ。葉の緑色が濃くて幅の広いものが良い。保存は、湿った新聞紙で全体を包み冷蔵庫に入れる。

方言名／ビラ

よく乾燥したそうめん

いりこ

そうめんといりこの話

油ぞうめんに使うそうめんは、製造後1年ほどたった乾燥した古いそうめんが適している(ベタつかず、さらっと仕上がる)。

いりこは小さいものだとそのまま食べられ、カルシウムの補給になる。

ニラといりこの油ぞうめん

奄美の代表的な家庭料理。畑仕事が忙しいときや、急な来客時にも、よく作られたというシンプルでおいしい料理。だし汁を吸ったそうめんは喉ごしもよく、食欲をそそります

材料(４人分)

よく乾燥した古いそうめん	４束
いりこ	20ｇ
ニラ	40ｇ
サラダ油	大さじ２
塩	小さじ１
薄口醤油	小さじ１
水	30cc

作り方

①そうめんは硬めに茹でて、水切りをしておく。

②フライパンか鍋に水といりこを入れて、だしを取る。塩、サラダ油、醤油を加えて、味を調整する(いりこをカラカラに炒ったところに、水をいれると香ばしいだしが出る)。

③②に①を入れて、だし汁とからめる。

④最後にニラを入れてさっと炒めて、火を止める。

ワンポイント

だし汁を取ったいりこは取り出さずそのまま残すと風味が良く、カルシウム補給にもなる。

和名／フダンソウ

フダンソウ

（アカザ科）

旬 3～4月

歴史 地中海東部から中央アジアが原産。日本へは17世紀に中国を経て、渡来したといわれる。

栄養 ビタミンA、カルシウム、鉄分、ルティン、マグネシウム、食物繊維が多い。

特徴 多くの根出葉を次々と出し、葉を順次かき取って葉菜として一年中利用できるので、フダンソウ(不断草)という。葉は軟らかい。昆布と一緒に煮ると、昆布が非常に軟らかくなる。

選び方と保存
アクが強いので、湯がいた後、水に十分さらしアク抜きをする。
冷凍保存する際は、アク抜きを十分しないと色が黒くなる。

方言名／トウナーなど

材料(4人分)

豚の骨付き三枚肉　5cm角を4個
フダンソウ　300g
練り味噌　80g
島ざらめ(砂糖でも可)　40g
濃口醤油　少々
ショウガ　薄切り5枚
水　800cc

作り方

① フダンソウを大鍋で茹で、水にさらしてアクを抜き、水切りして5cm幅に切っておく。
② 豚肉は一度茹でこぼしてから水洗いをし、脂抜きする。
③ 再び鍋に水を入れ、豚肉とショウガを入れて約1時間ゆっくりと煮る。
④ ③に①を入れて味噌を溶き、島ざらめを入れて1時間ほど煮込む。香り付けに醤油を入れて、出来上がり。

豚肉とフダンソウの味噌煮

豚骨肉を味噌で煮込んだボリュームたっぷりの総菜。
豚肉とフダンソウの肉厚感が、よくマッチします

和名／パパイヤ

パパイヤ

（パパイヤ科）

旬　夏

歴史　熱帯アメリカ原産で、常緑の小高木。16世紀初期にスペインの探検隊によって発見され、世界に伝わる。

栄養　未成熟果は、タンパク質分解酵素のパパインを含む。抗酸化作用を持つビタミンC、赤血球の形成を助ける葉酸が豊富。カルシウム、カリウム、カロチンも多く含む。

特徴　植物全体に白い汁液を含み、傷つけると浸出してくる。ビタミンCやAが豊富な青い未成熟果(青パパイヤ)は、野菜として漬物や炒め物に。完熟すればフルーツとして、生食やジュースで。青パパイヤは、奄美では庭木としてよく植えられる。

青パパイヤ
（未成熟果）

方言名／マンジュウマイ・モックヮなど

たわわに実ったパパイヤ

パパイヤの下漬け

パパイヤ漬けを作る前に、まず下漬けをする。

材料

青パパイヤ　3kg
塩　150g

作り方

① 青パパイヤは縦半分に切り、皮と種を取る。
② 漬物容器に①を入れ、塩を振りながら重石をして2～3日漬け込む。
③ ②を取り出して、天日に1日干して水気をとる。

ワンポイント

下漬けの塩は、パパイヤの4～5％の分量。

パパイヤ醤油漬け

パパイヤの漬物は、常備菜として家庭でもよく作られます

材料

パパイヤの下漬け	1kg
薄口醤油	90cc
島ざらめ	50g

作り方

① 調味料は合わせて鍋に入れ、沸騰させてから冷ましておく。

② 下漬けのパパイヤを漬物容器に入れ、①を注ぐ。

③ 重石をして2～3日後には、食べられる。

パパイヤの味噌漬け

お茶うけにも、箸休めにもなる常備菜

材料

パパイヤの下漬け	3kg
味噌	1kg
砂糖	50g

作り方

① 味噌と砂糖は、よくまぜておく。

② 漬物容器に下漬けしたパパイヤと①を交互に重ねて、重石をする。

③ 10日目ぐらいから食べられる。

ワンポイント

味噌は洗い流す。少々硬いので薄切りにすると食べやすい。

パパイヤの炒め物

青パパイヤのシャキシャキとした
食感が魅力です

材料（4人分）

青パパイヤ	300g
豚三枚肉（薄切り）	100g
ニガウリ	100g
赤ピーマン	50g
ニラ	30g
サラダ油	大さじ1
かつお節のだし汁	1カップ
塩	小さじ½
濃口醤油	少々

作り方

① 青パパイヤは厚めに皮をむき、千切りにして水にさらしアク抜きをする。その後、ザルに上げて水切りをしておく。
② 豚肉は一口大に切っておく。
③ ニガウリは縦半分に切って中のワタと種を取り、半月型にスライスしておく。
④ 赤ピーマンとニラは、食べやすい大きさに切る。
⑤ フライパンにサラダ油を入れ、②を入れて炒める。
⑥ ⑤にさらに①を入れて炒める。
⑦ ⑥にだし汁を加えて、調味料を入れる。
⑧ 火を止める直前に赤ピーマンとニラを入れ、さっと炒めて仕上げる。

ワンポイント

パパイヤは、10～20分ほど水にさらしてアクを抜く。

和名／ヘチマ（糸瓜）

ヘチマ

（ウリ科）

旬　7～9月

歴史　東南アジア原産の一年生つる性草木。『本草綱目《ほんぞうこうもく》』によれば、中国では16世紀には南北いずれにも広がり、花、芽、つるが食され、若い果実は皮をむいて煮食されたとある。また、成熟果の繊維を靴の敷物に利用したことも記されている。中国名の糸瓜(スークワ)はその繊維に注目した名。和名は、糸瓜《いとうり》から「とうり」に変化し、「と」はいろはの「へ」と「ち」の間《ま》にあるのでヘチマとなったといわれる。

栄養　果実には水分が多く、炭水化物やビタミンCなどを含む。つるから採れるヘチマ水は、サポニンや硝酸カリウムなどを含む。

効用　インドでは古くから果肉、花、枝葉を咳《せき》や痰《たん》の薬に用いた。日本へは江戸時代の初めに渡来。未成熟果を食用にする。

ワンポイント

熟すと硬くなり食べられなくなるので、新鮮なうちに調理する。

方言名／ナヴィラ・ナブィラなど

ヘチマの味噌炒め

つるっとしたヘチマの食感と味噌の風味が、衰えた食欲を回復させてくれる夏の定番総菜です

材料（4人分）

ヘチマ	1本（400g）
赤ピーマン	½個
木綿豆腐	½丁
練り味噌	大さじ3
豚三枚肉（薄切り）	100g
島ざらめ	大さじ2
油	小さじ1

作り方

① ヘチマは皮をむき、輪切りにする。
② 豚肉は食べやすい大きさに切る。
③ フライパンに油をひいて熱し、②を入れる。
④ ①と豆腐を並べて弱火にして炒める。
⑤ ヘチマと豆腐の水分が出てきたら、味噌を溶いて島ざらめを加え炒め合わせる。
⑥ 赤ピーマンを千切りにして加え炒める。

和名／キュウリ

島ウリ

（ウリ科）

旬　5月中旬～7月中旬

歴史　島ウリは古い時代から栽培されていた品種と考えられる。

栄養　水分が多く、ビタミンCやカリウムなどを含む。

特徴　一般のキュウリより、太く大きい。肉質が厚く、水分が多い。

効用　むくみ解消に効果あり。

選び方と保存

日持ちがしないので、早めに食べる。

緑のものは生で、赤茶色のものは、煮物や漬物に向いている。

かつお生利節と島ウリの酢のもの

よく冷やして食べたい夏の和風サラダです

材料（4人分）

かつお生利節	200g
島ウリ	½本
酢	大さじ1
塩	少々
薄口醤油	大さじ1
砂糖	少々
青ジソ	2〜3枚
白ゴマ	少々

作り方

①生利節は薄切りにする。

②島ウリは半分に割り、種部分を取って皮をむいて薄く切り、塩もみしてから、水気をきる。

③調味料は合わせておく。

④ボウルに、①、②、③を合わせる。

⑤千切りにした青ジソを入れて和える。白ゴマをふる。

ワンポイント

島ウリは薄塩をすると水気が出るので、よく搾る。

アオサか青ジソを加えると、香りが出る。

かつお生利節

和名／トウガン

シブリ（冬瓜）

（ウリ科）

旬 7～8月

歴史 東南アジア原産の1年生植物。

栄養 果実の96％が水分で、ビタミンB_1・B_2・ビタミンCをわずかに含む。

特徴 果肉は厚く、白色で多汁。淡白な味。低カロリー。

効用 利尿作用、抗酸化作用。昔から腎臓病の食事によいといわれる。解熱や毒消しにもよい。

材料（4人分）

シブリ	200g
塩	小さじ½
ブダイ	120g
唐辛子	2本
キュウリ	1本
〈合わせ酢味噌〉	
きび酢	小さじ1
酢	大さじ2
白味噌	40g
島ざらめ	大さじ2
みりん	小さじ2
ショウガの千切り	½片
ユズの皮	少々

方言名／シブリ・スブィなど

作り方

① シブリは縦半分に切り、ワタを取り出してから、ふち部分を残して白い実部分をスプーンでくり抜く。

② スプーンでくり抜いたシブリは塩を振り、10分ほど置いて水気を絞る。

③ ブダイは3枚におろし、軽く湯引きして氷で締めて、刺し身にしておく。

④ キュウリはスライスして、軽く塩もみをしておく。

⑤ 合わせ酢味噌の材料をまぜておく。

⑥ ボウルに②③④と刻んだユズの皮を入れ⑤で和えて、好みで唐辛子を加える。

⑦ シブリを器にして、盛りつける。

ワンポイント

ブダイの代わりに他の魚でも良い。シブリは水気が出るのでよく絞っておく。

選び方と保存

重量感のあるものを選ぶ。風通しのよいところで保存。長期間貯蔵に耐えるが、切ったものはラップで包み、冷蔵庫で保存し、早めに食べる。

シブリとブダイの酢味噌和え

シブリをまるごと使った野趣あふれる料理。パーティやおもてなしの楽しいひとときを演出

和名／ホテイチク

コサンダケ（イネ科）

旬　4〜5月

特長　地場産タケノコで、一般のものより細身。古参竹、胡参竹とも書く。アクはほとんどなく、皮をむいてそのまま料理に使える。火の通りも早い。先のほうは特に軟らかく、さっと湯がいて刺し身風にして食べても美味。

選び方と保存

皮に張りとツヤがあるものを選ぶ。皮をむいて水に塩少々を入れて湯がき、蓋付きの容器に水を入れて浸し冷蔵保存すると、数日間は保存できる。長期保存する場合は、湯がいた後にスライスして、ペーパータオルなどで水気を取り、ラップに広げて包み、冷凍庫に保管すると便利。

根元部分は水から湯がき、
冷えるまで浸しておく。

方言名／ダーナ・クサン・クサンデー
コサンデーなど

ワンポイント

時間をおくとえぐみが出るので、すぐ皮をむき、調理する。

コサンダケの天ぷら

アクがなく軟らかいコサンダケ（先端部）は、味噌汁や煮物などにそのまま使えるので便利。シャキッとした歯触りを楽しみます

材料（4人分）

コサンダケ　3〜4本（500g）
小麦粉　100g
卵　1個
水　150cc
塩　適量
揚げ油　適量
〈天つゆ（120cc）〉
かつお節　30g
薄口醤油　30cc
みりん　30cc
水　70cc

作り方

① コサンダケは新鮮なうちに皮をむき、軟らかい先の方を切り落としておく。
② 小麦粉と水と卵を軽くまぜて衣を作り、①に付けて、カラリと揚げる。
③ 小鍋に水、みりん、醤油、かつお節を入れて火にかけ天つゆを作る。
④ ③が煮立ったら弱火にして1〜2分煮る。火を止めて冷ましてから、こす。
⑤ 好みで、塩か天つゆで食べる。

コサンダケと野菜の煮物

旬の野菜と煮込んで、総菜や行楽弁当に

湯がいてアク抜きしたツワブキ

材料(4人分)

コサンダケ　2〜3本
ゴボウ　½本
ニンジン　½本
ツワブキ(湯がいたものでもよい)　400g
クコの実　適量
野菜昆布　40㎝
インゲン　適量
かつお節のだし汁　5カップ
砂糖　大さじ1
酒　大さじ1
みりん　大さじ1
濃口醤油　大さじ4
油　大さじ1

作り方

①コサンダケ(先端)は皮をむき、食べやすい大きさの3〜4㎝に切る。
②ゴボウ、ニンジンは皮をむき、乱切りにする。野菜昆布は水で戻し8等分に切り、結ぶ。
③ツワブキは皮をむき、水にさらしてアク抜きをしてから茹で、7〜8㎝に切る(市販の湯がいたものを使用すると便利)。
④①②③の具材を入れてだし汁を注ぎ、調味料を加えて落とし蓋をするかクッキングペーパーをかぶせて、中火で汁気がなくなるまで煮る。
⑤インゲンは茹でて切っておく。
⑥④と⑤を盛り付ける。
⑦色味にクコの実を添える。

ワンポイント

春のツワブキは香り高く、コサンダケとよく合う。春の恵みの一品。

和名／ラッキョウ

島ラッキョウ

（ユリ科）

旬　5〜6月

歴史　中国原産で、日本へは10世紀以前に渡来した。古くは薬用とされ、江戸時代ごろには野菜として普及した。地下の鱗茎《りんけい》を食べる。

栄養　ビタミンB_1を活性化するアリシン(硫化アリル)、食物繊維。

効用　食欲増進、疲労回復、整腸作用。

選び方と保存

色が白く、粒が揃っていてふっくら丸みを帯びているものが良い。

方言名／ガッキョ・ラッキョなど

ワンポイント

きび酢はひと煮立ちさせることで、味が柔らかくなる。それでもきついときは、酢やワインビネガーで割ってもいい。漬け込む野菜はお好みで。

きび酢ピクルス

材料

完熟トマト(4個)、島ラッキョウ(100g)、ダイコン(100g)、アスパラガス(2本)、赤・黄パプリカ(1個ずつ)、きび酢(90cc)、水(1000cc)、自然塩(20g)、島ざらめ(100g)、レモン(1/2個)、赤唐辛子(3本)

※漬け込む野菜は季節の好みの物を。

作り方

①トマトは湯むきしておく。島ラッキョウは、薄皮をむいておく。

②ダイコンは厚さ1cmのイチョウ切りに、アスパラガスは根元の硬い部分を取っておく。

③赤・黄パプリカも大きめにスライス。レモンは搾っておく。

④きび酢、水、塩、ざらめを合わせてひと煮立ちさせる。

⑤④に唐辛子を加え、レモンの皮をおろし金でおろし入れてバットに流し入れる。

⑥⑤に野菜を漬け込む。漬け汁が冷めたら、冷蔵庫で一昼夜おく。

小ぶりの島ラッキョウは漬物にして、お茶うけや酒のつまみ、箸休めに。天ぷらにすれば、また変わった味と歯触りが楽しめます

島ラッキョウの塩漬け・黒糖漬け・天ぷら

島ラッキョウの塩漬け

材料

- 島ラッキョウ(皮付き)　1kg
- 粗塩　30g
  (ラッキョウ正味量の3%)

作り方

①島ラッキョウは水につけておき、土をしっかり落とす。
②①の根の部分を切り落とし、薄皮をむいて水気をとる。
③②に粗塩をふってもみ、一晩おく。
④かつお節をふりかけてこのまま食べてもおいしい。

島ラッキョウの黒糖漬け

材料

- 塩漬け島ラッキョウ　1kg
- 酢　2カップ
- 黒砂糖(粉)　80g

作り方

①鍋に漬け込み液の材料を入れて一度沸騰させ、冷ます。
②塩漬け島ラッキョウを保存ビンに入れ、①の漬け込み液を静かに注ぐ。
③2~3日後から食べられる。

島ラッキョウの天ぷら

材料(4人分)

- 島ラッキョウ　200g
- 天ぷら粉　100g
- 卵　½個
- 水　80cc
- 氷　1片
- 揚げ油　適量
- 塩　適量

作り方

①皮をむいた島ラッキョウは、洗って水気を切る。
②天ぷら粉に、卵と水、氷を合わせておく。
③島ラッキョウに②をつけて、170℃の油で揚げる。
④付け塩を添える。

ワンポイント

付け塩は、ウコン塩、カレー塩、シークヮーサー塩など、お好みで作ると楽しい。

和名／ニンニク

フルンガブ（ニンニク球）

（ユリ科）

旬　3～4月

歴史　中央アジア原産で、エジプトでは古くから栽培され、日本へも古い時代に伝わり、記紀などにも記されている。ニンニクの語源となった忍辱《にんにく》は、もともと「辱めを忍ぶ」意味の仏教用語で、寺での食用を禁止された大蒜《おおひる》の隠語として使われていたのが、のちに通用名となった。

栄養　ニンニクに含まれるアリシンは栄養源になり殺菌作用も強い一方で、強烈な匂《にお》いをもつ。ニンニクはこれらのとらえ方で、神聖視されたり、嫌われたりした。

特長　鱗茎は強い辛みと特有の臭気があり、香辛料や強壮薬にするため栽培される。

効用　血行を促し、体を温める。健胃、整腸、胆汁分泌の促進、中性脂肪やコレステロール値降下、血圧降下なども。風邪の予防やアンチエイジング、精力剤にも。

島野菜

方言名／フルンガブ
（奄美では塊のことをガブという。）

フルンガブの塩漬け

材料

フルンガブ　1kg
粗塩　70g（フルンガブの7％分量）

作り方

①フルンガブは、皮をむく。
②①に塩をまぶし、軽く重石をして一晩おく。

フルンガブのきび酢漬け

なるべく小ぶりのフルンガブを選んで、わが家の味を漬けてみましょう。スタミナづけにピッタリです

材料

フルンガブの塩漬け　1kg

〈漬け込み液〉

きび酢　400cc

黒糖（粉）　200g

作り方

① フルンガブの塩漬けの水気を取り、保存瓶に入れる。

② ①にきび酢と黒糖を注ぎ入れる。

③ 1カ月ほどしたら食べられる。

※ きび酢の代わりに焼酎を使えば焼酎漬けができる。

フルンガブの黒糖漬け

材料

フルンガブの塩漬け　1kg

黒砂糖（粉）　200g

水　600cc

作り方

① 黒糖と水を合わせて火にかける。

② ①を冷ましてから、保存瓶に入れたフルンガブの塩漬けの上に注ぎ入れ、漬け込む。食べごろは1カ月目ぐらいから。

芋類

ムジ（クワリ）▶

タイモの葉柄で、味噌汁に入れたり、炒めるなどして食用にされる。シャキシャキした食感。

タイモ畑（沖永良部島）

コーシャ（ヤマノイモ科）▼

サトイモとともに古くからあるヤマノイモ科の芋。肉色は白と赤紫色がある。奄美では、コーシャ、コーシャマンなどと呼ばれ、正月の床の間に飾られたり、皮ごと煮て酢みそで食べたり、かるかん菓子などにも。

タイモ（サトイモ科）▶

湿地帯や水田で栽培される。タロイモの仲間。

奄美でも古くから重要な作物として栽培されてきた。加熱すると粘性が増える性質があり、独特の風味とほっくりとした粘りがある。カルシウムや鉄分、食物繊維が豊富。方言名はターマンなど。

◀サトイモ（サトイモ科）

原産地はインド、ネパールなど。名称は里で作る芋の意味で、ヤマイモに対する言葉。タイモより粘り気が少ない。デンプンが主だが、カリウム、リン、カルシウム、少量のタンパク質も含んでいる。

ジャガイモ「春のささやき」（ナス科）▶

沖永良部島産で県のブランド指定を受けている品種。滑らかな肌ときれいな色が人気で、煮崩れせず煮物に好適。ビタミンCを多く含み、カリウム、ミネラルも豊富。収穫は2～4月。

◀イモヅル

イモのつる。旬は7～8月。皮をむいて湯がく。油と相性がよい。

◀早生サトイモ「石川サトイモ」（サトイモ科）

沖永良部島や与論島でよく栽培されている早生のサトイモ。球形で小型の子芋が多くつく。丸いのが秀品。多くのデンプンを含み粘り気があり、つるっとした食感。出荷時期は4～6月。

▶サツマイモ（ヒルガオ科）

救荒食物として馴染み深い。奄美ではキイドン、ナカムラサキなど種類が豊富。カロリーは米の3分の1程度で繊維質に富み、ビタミンCやカリウムを多く含んでいる。方言名はハヌス、トンなど。

サトイモの黒糖風味

もちもちした食感が、甘い黒糖蜜とよく合います

材料（４人分）

- サトイモ（サツマイモでも可）　１kg
- 黒砂糖（粉）　２００g
- 水　１００cc
- サラダ油　適量
- 白ゴマ　少々

作り方

①サトイモは皮をむき乱切りにして水にさらし、水気を切る。

②サラダ油を中火で熱し、①を入れてキツネ色になるまで揚げる。

③フライパンに黒糖と水を入れ、煮立てる。

④③に揚げたてのサトイモを入れて、からませる。

⑤④の上から白ゴマをふる。

サトイモの酢味噌和え

ほっくりとしたサトイモが味噌とマッチして、
なつかしい素朴な味がします

材料(4人分)

サトイモ	500g
粒味噌	大さじ3
酢	大さじ2
砂糖	大さじ2
だし汁	大さじ1
みりん	大さじ1
ショウガ(すりおろし)	小さじ½

作り方

① サトイモはたっぷりの湯で茹でる。竹串を刺してすっと通ればよい。

② 粒味噌、酢、砂糖、みりん、だし汁、すりおろしたショウガをよくまぜる。

③ サトイモと②を崩れないようにして和える。

ワンポイント

ショウガをたっぷり入れるとおいしい。サトイモの田楽として昔からよく食べられてきた。

大学イモ

**子供にも大人にも人気のメニュー。
冷めてもおいしくいただけます**

材料（4人分）

サツマイモ	300g
〈糖蜜〉	
黒砂糖（粉）	100g
ラード	大さじ⅔
酢	小さじ1
サラダ油	適量
白ごま	少々

作り方

① サツマイモは厚めに皮をむき一口大の乱切りにし、水につけてあく抜きをして水気を取る。
② 150℃に熱した油で、①を揚げる。
③ 火が通ったら油の温度を180℃に上げ、サツマイモがきつね色になったら取り出し、冷めないようにしておく。
③ 中華鍋にラード・黒糖・酢を入れて熱し、粘りが出てやや色がついてきたら②を加え、火を止めて手早くまぜる。
④ 薄く油を塗った器に③を盛り付け、白ゴマをふりかける。

ワンポイント

サツマイモは硬めに茹でるか、蒸してから揚げてもよい。
糖蜜は途中でまぜないで静かに加熱する。

タイモのティラミス

タイモの風味を生かして、お洒落なデザートを作ってみませんか

材料（4人分）

〈スポンジ生地〉

卵	3個
グラニュー糖	80g
小麦粉	60g
コーヒーリキュール	適量
ココアパウダー	適量

〈クリーム生地〉

卵黄	2個分
グラニュー糖	35g
マスカルポーネチーズ	250g
タイモ（茹でて裏ごし）	100g
生クリーム	250cc
タイモのダイスカット（粗くカットされた加工品）	50g

作り方

① 卵3個にグラニュー糖を入れて泡立て、小麦粉を加え、さっくりまぜあわせる。

② ①を焼き型に流し160℃のオーブンで20〜25分ほど焼き、スポンジ生地を作っておく。

③ 卵黄にグラニュー糖を加えかきまぜ、マスカルポーネチーズを練り入れる。

④ ③にタイモの裏ごしをまぜあわせる。

⑤ 生クリームをもったりするまで泡立て、④とまぜる。更にタイモのダイスカットをさっくりまぜる。

⑥ 型にスポンジを敷く。

⑦ スポンジにコーヒーリキュール（または濃いめのインスタントコーヒー）を塗る。

⑧ ⑦に⑤を敷き詰める。

⑨ 茶こしを使ってココアパウダーを振り、冷蔵庫で冷やし固める。

ワンポイント

スプーンで皿に盛り付けた後、さらにココアパウダーを振り、ミントの葉を飾ると見た目もきれい。インスタントコーヒーは濃い目に作らないと水っぽくなる。

和名／ニシヨモギ

ヨモギ

（キク科）

方言名／フッツィ・フッチ・フチ、フティなど

旬　ヨモギ餅に使うのは、ニシヨモギの若葉。春先に摘む。

生息環境　日当たりのよい路傍や草地にみられる多年草。

栄養　カルシウム、鉄、カリウムが豊富。ビタミンA・B_1・B_2・C・D、タンニン、ナトリウムなどの各種ビタミン、ミネラル、葉緑素も豊富。

特徴　生命力に優れ、生のままあるいは煎じるなどして利用されてきた。繊維質が多い。匂い消しにも利用される。

効用　浄血効果、造血、殺菌、新陳代謝促進、抗アレルギーなどの効果がある。食物繊維と一緒にとるとコレステロール低下作用が強化され、便秘や肥満防止にも。苦み成分（タンニン、精油）は臓器の働きを盛んにし、老化防止、肝機能障害を防ぐ。粘膜や皮膚病にも効果がある。

島野菜

ワンポイントアドバイス

お茶にしたり、葉を軽くもんで止血にも利用される。

特に２～３月ごろの若葉は薬効が強く、これを乾燥保存か蒸して冷凍保存しておくとヨモギ餅作りに便利。

材料（4人分）

ヨモギ／茹でて固く搾ったもの	120g
重曹	小さじ1
餅米粉	150g
黒砂糖（粉）	160g
サツマイモ	100g
水	80～100cc
クマタケランの葉	5～6枚

作り方

① ヨモギはきれいに洗い、葉をちぎる。たっぷり湯を沸かし、重曹を入れてさっと茹でる。

② 茹で上がったら一晩水につけてさらし、アクを抜く（春のヨモギはアクが少ない）。

③ ②を固く搾る。

④ サツマイモは茹でて皮をむき、つぶす。

⑤ スピードカッター（ミキサーなど）に③を入れてペースト状にする。

⑥ ⑤に④を入れてさらにペースト状にする。黒糖粉、餅米粉、水も入れて、すべての材料をペースト状にする。

⑦ クマタケランの葉は、洗って20㎝ほどの長さに切っておく。

⑧ ⑥を食べやすい大きさに手で丸めて、クマタケランの葉で包む。

⑨ 湯気の立った蒸し器に入れて、約20分間蒸す。

ワンポイント

サツマイモを入れると軟らかくなるので、硬めの餅が好きな場合は入れなくてもよい。水ははじめから全量入れずに、少しずつ加えて調整していく。餅米粉とまぜるとき、一夜寝かせてからまたこねると、よりおいしく出来上がる。

ヨモギ餅

春の軟らかい葉で作るヨモギ餅。
香り豊かな餅菓子です

ヨモギの葉は冷凍された市販のものを利用すると便利

香りがよく月桃より軟らかいクマタケランの葉。
採りたての葉は軽く蒸すと包みやすい。

⑨湯気の立った蒸し器に入れて、約 20 分間蒸す。

⑧食べやすい大きさに丸めて、クマタケランの葉で包む。

⑤スピードカッターやミキサーで、材料をペースト状にする。

和名／アズキ

島アズキ（小豆）

（マメ科）

旬　8月

歴史　アズキは日本を含む東アジアが原産地といわれ、日本、韓国、中国などで食用にされる。

栄養　タンパク質、カルシウム、リン、鉄、ビタミンB_1・B_2・B_6、アントシアニン、サポニン、亜鉛。

効用　漢方では、腎臓病や心臓病、脚気からくるむくみなどに小豆がよく用いられてきたが、これはサポニンの利尿作用によるものといわれる。解毒作用や二日酔いの緩和に、また咳を鎮め、痰をとる効果も。産後にできやすい血栓の予防や、出産や授乳で失われる鉄分の補給、食物繊維による便秘解消など、産後の栄養補給にも。

特徴　奄美でとれる島アズキは、品種改良がされていない古い種類。味はあっさりしていて、香りがよく、赤飯やあずき粥に利用される。

あずき粥

夏の食卓には、ラッキョウの漬物などを添えて、冷やしたあずき粥がよく登場します

材料（4人分）

米	1カップ
島アズキ	½カップ
水	10カップ
塩	適量

作り方

① 島アズキは水洗いし、前の晩から水（4カップ）に浸しておく。
② 島アズキを少し硬めに煮る。煮汁（1カップ）はとっておく。
③ 米に水（6カップ）を入れ粥を炊く。
④ さらにアズキを合わせてとっておいた②の煮汁を入れ炊く。
⑤ アズキが軟らかくなったら出来上がり。

ワンポイント

食欲が減退する真夏に、冷蔵庫で冷やして食べると食がすすむ。アズキのアクは、すくいとる。島アズキの煮汁は濃いので、好みで水の割合を変える。

和名／ラッカセイ（落花生）

ジマメ（地豆）

（マメ科）

方言名／ジマムィ

旬　8～9月（早掘りは7月から）

歴史　南米原産で、中国を経由して江戸時代に日本に持ち込まれたといわれる。地中で実を作ることから、落花生の名前が付けられた。

栄養　タンパク質、ビタミンB_6・B_1・E、カルシウム、脂質（オレイン酸、リノール酸などの不飽和脂肪酸が多い）

効用　高血圧やそれに伴う高脂血症の改善、滋養強壮、母乳の出を促すなど。

地豆豆腐

奄美では落花生のことを、地豆と呼びます。殻ごと塩茹でして、つまみに。時には時間をかけて、地豆豆腐に挑戦してみましょう

材料

地豆（殻から出したもの）	カップ1
くず粉	カップ1
水（または、だし汁）	カップ5
＜タレ＞	
濃口醤油	大さじ3
黒糖	大さじ2
みりん	大さじ1

作り方

① 地豆は前日に水に浸しておき、水気を切り皮をむく。
② 地豆、くず粉、水3カップをミキサーにかけ布でこす。
③ 残りの水をミキサーに入れ、布でこす。
④ 鍋に移し、かきまぜて沸騰後、弱火にする。さらにかきまぜ続ける。
⑤ 15分ほどかき回し、きれいなつやのあるかたまり状になったら余熱をとって、型に流し固める。
⑥ 余熱が完全にとれたら、冷蔵庫で冷やす。
⑦ 醤油、砂糖、みりんを鍋で温める。
⑧ 冷やした⑥を器に盛り、⑦のタレをかけ出来上がり。わさび醤油で食べても美味。

ワンポイント

渋皮は約40℃に加熱し、玉じゃくしの裏でこするとむきやすい。加熱の際、かきまぜ続けることが滑らかに仕上げるコツ。

和名／ゴマ

ゴマ

（ゴマ科）

種子が熟し、はじけたゴマの実。

方言名／グマなど

旬　8月下旬～9月

歴史　紀元前のアフリカがルーツとされ、日本へは中国から伝えられ、奈良時代にはすでに重要な作物であった。風味がよい白ゴマは喜界島でも古くから栽培され、喜界島は国内トップレベルの生産地。

栄養　約50％が良質の植物性脂肪で、リノール酸、脂肪酸、オレイン酸、カルシウム、リン、ビタミンEなどさまざまな有効成分を豊富に含む。

効用　滋養強壮、疲労回復に。特にゴマリグナンの中のセサミンは、動脈硬化や高血圧、白髪、成人病などの予防効果があるという。美容にも良いと人気。

島ウリのゴマ和え

香りがよいゴマで和えて。
ビタミンＥの補給にも最適です

豆類他

材料（4人分）

島ウリ	½本
塩	小さじ½
＜合わせ調味料＞	
練りゴマ	大さじ2
すりゴマ	大さじ2
砂糖	大さじ1
薄口醤油	大さじ1½
酒	小さじ1
酢	小さじ1

作り方

① 島ウリは縦半分に切り、中の種を出し皮をむいてから、薄切りにする。
② 軽く塩をふり、薄味をつけておく。水気を固く搾る。
③ ボウルに合わせ調味料の材料を入れてまぜる。
④ ③に②を入れてよく和える。

ゴマを乾燥させる（喜界島）

ソテツの実《ナリ》
（ソテツ科）

赤く熟れたソテツの実

ソテツの実割り

▲ナリ粉／ソテツの実を2つに割り皮を除いて臼で挽《ひ》き、これを水につけて何度もさらし、底に沈んだものを乾燥させる。

旬　秋～初冬

歴史　ソテツは約2億年前の琉球列島に起源をもち、「生きた化石」植物といわれている。奄美諸島では、救荒食物として実《ナリ》や胴《シン》の部分を水にさらし、粉にして利用していた。

栄養　種子や茎幹中には多量の良質なデンプンを含んでいる。全体にサイカシンという有毒成分を含んでいるため、十分水につけて、さらすことが必要。

ナリ粥

救荒食物だったころは、ほんの少しでも米が入っていれば上等だったとか

材料（4人分）

米	1カップ
水	5カップ
ナリ粉（市販）	½カップ
ハンダマ	100g
ヨモギの葉	30g
クコの実	適量

作り方

① 米は洗い、分量の水を入れて粥を炊く。最初はやや強火で炊き、沸騰したら中火にする。焦がさないように、時々かきまぜる。

② ナリ粉をカップに入れて水を注ぎ、かきまぜておく。

③ ヨモギの葉は洗った後、粗くみじん切りにしておく。

④ ハンダマは洗った後、約3㎝に切っておく。

⑤ 米は30分炊き、水が少なくなったら水を足す。その中に②を加えてかきまぜ、さらに10分炊く。

⑥ その後、③を入れてさらに10分炊く。出来上がるころに④とクコの実を加えてさっと火を通す。かきまぜて火が通ったら出来上がり。

奄美諸島の周辺には、およそ 1300 種類もの魚たちが生息しているといわれています。ここには、世界でも有数の規模と流速を誇る暖流の黒潮が流れ込んで、魚やサンゴを豊かに育てています。魚たちも赤色や青色など、とても色鮮やかなものが多く、目を楽しませてくれます。奄美の人々は古来より、この黒潮の恵みに感謝しながら暮らしてきました。

カツオ漁

サンゴ礁域での魚釣り

色鮮やかな魚たち

ウニ漁

追い込み漁

黒潮の恵み

タコ漁

和名／クマザサハナムロ

アカウルメ

（タカサゴ科）

方言名／ハーウルム・ワークなど

特徴

名前のとおり体色が美しい赤色の魚で、白身はやわらかく美味。奄美では、最もポピュラーな魚。サンゴ礁域にすみ、海中体色は青色で、興奮したり、眠ったり、死んだときだけ赤色になる。他のサンゴ礁の魚よりもＤＨＡ（ドコサヘキサエン酸）が2～3倍も多く含まれているといわれる。

食べ方

塩焼きや空揚げ、魚味噌などのほか、魚汁などにして。

アカウルメの魚汁

だしがたっぷり出て、お腹にしみわたるようなうまさです

材料（4人分）

アカウルメ	2匹
豆腐	½丁
ダイコン	80g
小ネギ	少々
味噌	80g
水	800cc

ワンポイント

焼くと香ばしくなるが、生のまま調理してもよい。沸騰すると魚のアクが出るので、丁寧に取る。薄切りにしたショウガやアオサを入れても、おいしい。

作り方

① アカウルメはうろこを取り、内臓を取り出して、身を洗う。
② 水気を切り、①を2～3等分に切ってから、軽く焼く。
③ 鍋に水を入れ、②と、拍子切りにしたダイコンを入れる。アクを取りながら、沸騰したら味噌を溶かす。
④ 豆腐を一口大の大きさに切り、③に入れて火を通す。
⑤ 最後に小ネギを入れる。

魚介類

アカウルメの空揚げ

軟らかい白身は、ほくほくしてとても美味です

材料（4人分）

アカウルメ	4匹（600g）
塩	小さじ1½
小麦粉	大さじ2～3
揚げ油	適量
レモン	適量

作り方

①アカウルメはうろこを取り、内臓を取り出す。

②水気をふき取り、斜めに切り目を入れ、軽く塩を振る。

③小麦粉をまぶし、170℃の油で、からっと揚げる。

④くし形に切ったレモンを添える。

ワンポイント

背中に観音開きの切り込みを入れると、骨にも火がよく通り、骨ごと食べられる。

方言名／エラブチ

和名／ブダイ

エラブチ

（ブダイ科）

特徴　鮮やかな青色をした魚で、サンゴ礁域で通年見られる。成長すると雌が雄に性転換する。あごの歯が強いうえ、のどにも頑丈な歯があるので、海藻、エビ・カニ類、造礁サンゴなどをかみ砕いて食べる。サンゴ片など消化できないものは、かみ砕いたのちに吐き出して、奄美の白い砂浜を作るもとにもなっている。

食べ方　肉質は白身で多少匂いがあるが、空揚げにするか酢味噌を付けて刺し身で食べると美味。

※奄美の自然を描いた孤高の画家田中一村が、題材に描いた魚としても知られる。

追い込み漁

エラブチの刺し身

奄美の海の色を象徴するかのようなエラブチは、酢味噌で食べるのが一般的。もっちりした食感が、味噌にからまって絶品です

材料（4人分）

エラブチ	400g
氷水	適量
海藻	5g
ダイコン	20g
青ジソ	4枚
＜酢味噌タレ＞	
白味噌	大さじ2
酢	大さじ2
砂糖	大さじ2
だし汁	大さじ2
ショウガ	1片

作り方

＜刺し身＞

①エラブチのうろこを取り、3枚におろす。

②皮のついた方に熱湯をかけて、湯引きにする。

③氷水にさらし、水気をよくふき取る。

④中骨をきれいに取り除き、薄くスライスする。

⑤海藻は水に戻し、ダイコンは千切りにする。

⑥ダイコンを敷き、海藻、青ジソ、エラブチを盛り付ける。

＜酢味噌タレ＞

①白味噌に酢を少しずつ加えのばす。

②①に砂糖とだし汁を加えのばす。

③ショウガをすりおろし、加える。

ワンポイント

エラブチ独特の匂いが気になる場合は、レモン、ミョウガ等薬味を添えるとよい。

エラブチのカルパッチョ

白身の魚はカルパッチョに最適

材料（4人分）

エラブチ　半身（240g）
オリーブオイル　15cc
レモン搾り汁　15cc
塩・コショウ　少々
台湾もみじ（青ジソなど青味のもので可）　1枚
ミニトマト　2個
氷水　適量
〈マヨネーズソース〉
マヨネーズ　15cc
濃口醤油　3cc
ショウガ搾り汁　少々

作り方

① エラブチを3枚におろす。
② 皮のついた方に熱湯をかけ、湯引きにする。
③ 氷水にさらし、水気をよくふき取る。
④ 中骨を取り除き、なるべく薄くスライスする。
⑤ ボウルにオリーブオイルを少々、レモン汁半分、塩・コショウを入れ、ドレッシングを作る。
⑥ 冷やした皿に④を並べ、カットしたミニトマトを飾る。
⑦ ⑤のドレッシングを上からかける。
⑧ マヨネーズに醤油、ショウガ汁を入れてかきまぜる。絞り袋に入れて⑦に絞り出し、刻んだ青ジソやパセリなどをふる。

カツオ

（サバ科）

特徴　世界中の暖海に広く分布し、日本近海へは黒潮に乗って群れをつくって回遊する。

奄美ではパヤオ周辺で一年中とれるため、新鮮なカツオが楽しめる。生きた小魚を撒き、擬餌針の一本釣りで漁獲。

栄養　タンパク質が多く、血合いはビタミンＡ・$Ｂ_1$・$Ｂ_2$や鉄分のほか、中性脂肪を下げる効果があるＥＰＡ（エイコサペンタエン酸）、健脳効果があるというＤＨＡ（ドコサヘキサエン酸）が含まれている。

食べ方　刺し身やたたきが一般的。身が締まり、背の青みが濃いものが美味。加工品としては、かつお節などがある。

かつお節

熱を加えると肉が硬くなる性質を利用したのがかつお節で、南方産は脂肪が少なく、「節」に向く。

かつお生利節

身をおろした後に茹で、干して仕上げる。

カツオの刺し身

旬のカツオは、やはり刺し身が一番。プリプリした歯ごたえがたまりません。薬味をたっぷりつけて

材料（4人分）

カツオ　1本（400g）
青ジソ　4枚
海藻　少々
ダイコン　適量
ニンジン　適量
レモンスライス　2枚
ショウガ　少々
ニンニク　少々
濃口醤油　大さじ2

作り方

①カツオを水洗いし、うろこと内臓を取り、三枚におろす。
②腹骨、血合い骨を切り取る。表面の硬い皮をそぎ落とし、約1㎝幅にスライスする。
③ダイコンとニンジンは千切りにし、海藻は水でもどしておく。
④皿に水気を切ったダイコン、ニンジン、海藻、青ジソの葉を飾り、カツオを並べる。
⑤ショウガ、ニンニクはすりおろし、レモンを添える。

ワンポイント

カツオは目が澄んで、縞模様がはっきりして、体に傷がないものを選ぶこと。身が赤く、新鮮で引き締まっているものがおいしい。

カツオのたたき

香ばしい風味が食欲をそそります。薬味をたっぷり添えて

材料（4人分）

三枚におろしたカツオ	1本（400g）
タマネギ	½個
青ジソ	4枚
レモンスライス	2枚
ショウガ	1片
ニンニク	1片
酢	大さじ2
濃口醤油	大さじ2
ワラ	3束
氷水	適量

作り方

① 皮がついたままのブロック状のカツオに串を打つ。

② 一斗缶でワラを燃やし、その上でカツオの表面をあぶる（炭やガスの直火でもできる。火から20cmほど離して、焦げないようにあぶる）。

③ すばやく氷水に漬けてから、水気をふき取り、約1cm幅にスライスする。

④ 薄くスライスしたタマネギを飾り、ショウガ、ニンニクは細切りか、すりおろして盛りつけ、青ジソ、レモンを添える。

材料（4人分）

三枚におろしたカツオ	1本（400g）
ニガウリ	40g
タマネギ	½個
オリーブオイル	大さじ1
レモン搾り汁	大さじ1
濃口醤油	小さじ1
塩・コショウ	少々
青ジソ	1枚
長ネギ	約5cm
ニンニク	1片
ミニトマト	4個
レモンスライス	4枚

作り方

① カツオを薄くスライスする。

② ニガウリ、タマネギは薄切り、長ネギ、青ジソは千切りにして、水にさらして水気を切っておく。

③ ボウルにニンニクをこすりつけ、香りをつけておく。

④ ③のボウルにオリーブオイル、レモン汁、醤油、塩・コショウを入れ、ドレッシングを作る。

⑤ 皿に①を敷き、②とミニトマト、レモンスライスをのせる。

⑥ ④のドレッシングを上からかける。

カツオのカルパッチョ

カツオの美しい赤身が、お洒落な一品に変身

ワンポイント

カツオは、パーシャル冷凍で少し凍らせると、薄切りしやすい。ニンニクはおろしてもよい。

かつお塩辛

カツオの塩辛は、肝臓や心臓を除いた内臓を食塩に漬け込み、熟成させたもの。その過程で原料自身がもつ酵素や微生物の酵素が原料中のタンパク質をアミノ酸に分解し、特有のうま味を醸し出すようになる。

材料（2人分）

かつお塩辛	小さじ3
パスタ（乾）	160g
塩	少々
ニンニクスライス	2片分
赤唐辛子	2本
アオサ（乾燥）	40g
オリーブオイル	大さじ4

作り方

① 熱湯に塩を入れ、パスタを茹でる。

② フライパンにオリーブオイル、ニンニクスライス、赤唐辛子を入れ、弱火でガーリックオイルを作る。

③ パスタが茹で上がる直前に、フライパンにかつお塩辛を入れ、火を強める。

④ 茹で上がったパスタをフライパンに入れ、茹で汁も60ccほど加える。

⑤ アオサは水でもどし、水気を切って④にを加える。

ワンポイント

ニンニクは焦げやすいので、フライパンに入れてから火をつける。パスタは1～2人分ずつ作るのがコツ。

魚介類

かつお塩辛のペペロンチーノ

塩辛を、和風アンチョビとして使ってみました。
磯の香りと自然の塩味が効いて、ビールにも
とてもよく合います

ヒキの空揚げ

アカウルメとともに、サンゴ礁域で群れてとれる魚。空揚げにすると骨まで食べられるので、カルシウム補給にもよい

ヒキ
（スズメダイ科）

材料（4人分）

ヒキ　4匹
塩　少々
小麦粉（かたくり粉でも可）　少々
揚げ油　適量

作り方

① ヒキは、ウロコと内臓を取っておく。
② 水気を取り、大きめのものは切り込みを入れる。塩をふってから小麦粉をまぶし、170℃の油で、からっと揚げる。

ワンポイント

小骨が多いが、小さいものは十分に揚げると骨まで食べられる。南蛮漬けにしても美味。

魚介類

■ヒキ

特徴　サンゴ礁域に群れて泳ぎ、追い込み漁などでもよくとれる。体色は黒色。大きいものは、ズーズルヒキ（方言名）。

食べ方　骨は多いが、淡白な白身は美味。塩焼き、空揚げに。

アバスの空揚げ

身は少ないが、甘みのある柔らかい味は美味。アバスは鍋の具材にも活躍します

アバス（ハリセンボン）

（ハリセンボン科）

材料（4人分）

アバス	800g
塩	小さじ1弱
小麦粉（かたくり粉でも可）	40g
カットしたレモン	1個
揚げ油	適量
パセリ	適量

作り方

① 皮をはいだアバスは適当な大きさに切り、塩をしておく。

② 水気を取り、小麦粉をまぶして170℃の油でからっと揚げる。

③ 盛り付けてレモンやパセリを飾る。

◀釣り上げられたアバス

■アバス

特徴 全長約30㎝。青森以南の温帯、熱帯域に広く分布。体中にウロコが変形した多数のとげを持つ。

食べ方 肉の量は少ないが、昔から表皮をはがして汁や鍋物、空揚げなどで食べられてきた。フグ毒のテトロドトキシンはない。

方言名／チビィウ

トビウオ

（トビウオ科）

特徴

暖かい海に広く分布し、表層を群泳。「トビウオ」の名前の由来は、水上に飛び出し、胸ビレを広げて滑空することから。滑空時の高さは3m、1回の飛距離は300mにもおよぶという。春から初夏のものが美味。幼魚の干物（干しアゴ）はだし汁の材料になる。

　トビウオは「飛魚」と書かれるように飛ぶ魚なので、内臓が小さい。そのため鮮度が落ちにくく、肉量も多い。

食べ方

小骨の多い魚だが、脂肪分が少なく淡白な味。鮮魚や一夜干しで食べるほか、すり身はコシのあるつき揚げやかまぼこになる。

材料（4人分）

トビウオのすり身	500g
豆腐	½丁
卵	2個
濃口醤油	大さじ2
ショウガの搾り汁	小さじ1

トビウオの一夜干し

トビウオのつき揚げ
(Ⓐアオサ Ⓑモズク Ⓒニガウリ)

つき揚げには、トビウオが最適。いろいろな具材を練りまぜて、わが家のつき揚げを作ってみましょう

酒	大さじ2
かたくり粉	大さじ3
塩	小さじ1
アオサ	2g
モズク	15g
ニガウリ	10g
揚げ油	適量

作り方

①豆腐に軽く重石をして水気を切っておく。
②モズクは塩抜きして水気を切り、ニガウリは薄くスライスしておく。
③トビウオのすり身と①の豆腐をスピードカッターに入れ、練りまぜる。
④卵、醤油、ショウガの搾り汁、酒を入れてまぜ、さらに塩、かたくり粉を加え、練りまぜる。
⑤まぜ終えたら、3等分にして、それぞれに、アオサ、モズク、ニガウリを加え、さらに練りまぜる。
⑥それぞれ食べやすい大きさ(約40g)に形を整える。
⑦160℃くらいの低い温度で、火が通るようにゆっくり揚げる。
⑧奄美の自然塩や、わさび醤油でいただく。

ワンポイント

すり身はよく練ると、ふわっとした食感が出る。塩は最後に入れた方が、ソフトに仕上がる。

キビナゴ
（ニシン科）

特徴 海面をキラキラ輝きながら群れ泳ぎ、「魚の宝石」とも「黒潮のしずく」とも称される。カツオや大型魚の餌になる。カルシウムが豊富な上、EPA（エイコサペンタエン酸）が含まれ、血液をサラサラにする効果があるという。

食べ方 新鮮なものは刺し身に。まるごとを炒り煮、空揚げにするほか、干物にしてあぶり焼きやだしの材料にも。

▶ キビナゴの手開き

1）頭を胸びれの下で切り落とす（指でちぎってもよい）。

2）左手でキビナゴを持ち、指先またはつまようじ、竹串などを尾びれの下から背骨の下に刺す。背中に突き抜けないようにする。

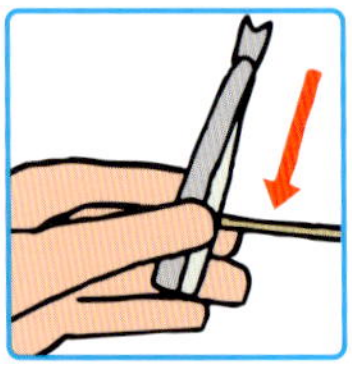

3）つまようじを下に滑らせ半身を開く。

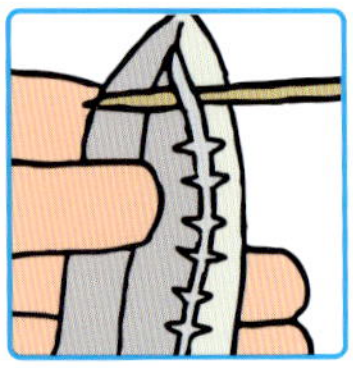

4）背骨の下につまようじを刺し、下に滑らせる。

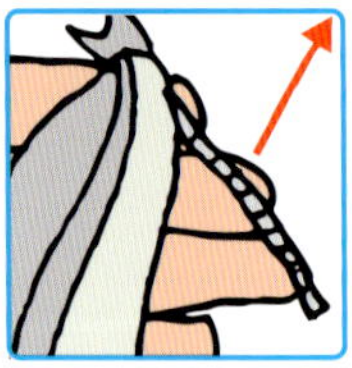

5）背骨を尾びれと一緒にちぎる。矢印の方向に引っ張ると、尾びれも一緒に取れる。

キビナゴの刺し身

淡泊な中にも青魚のうま味があり、焼酎によく合います

材料(4人分)

キビナゴ	320g
ダイコン	10㎝
青ジソ	4枚
海藻(乾燥)	少々
ネギ	少々
レモンスライス	4枚
〈酢味噌〉	
酢	大さじ2
白味噌	60g
砂糖	大さじ2
練り辛子	小1~2

作り方

①ダイコンの皮をむき、千切りにして、水にさらす。
②海藻は水でもどしておく。
③①②と青ジソを盛り付ける。
④キビナゴの頭、内臓、骨を外し、手開きする。
⑤④頭に近い部分を少し折り込み、③の上に扇形に盛り付ける。
⑥酢、味噌、砂糖、練り辛子をまぜ、酢味噌を作る
⑦刻んだネギとレモンスライスを添える。

ワンポイント

キビナゴは新鮮なものが、皮をむきやすい。

キビナゴのマリネ

野菜やタンパク質、カルシウム、酢が同時にとれるので、多めに作って常備菜に

材料(4人分)

キビナゴ	120g
タマネギ	⅓個
ニンジン	40g
赤・黄パプリカ	⅓個
ピーマン	⅓個
レモン(薄切)	½個
植物油	適量
小麦粉	適量
〈マリネ液〉	
酢	大さじ2
オリーブ油	大さじ4
塩	小さじ½
砂糖	小さじ1
白ワイン	大さじ1
黒コショウ	少々

作り方

① マリネ液の材料をまぜ、マリネ液を作る。
② 野菜類は食べやすい大きさに切る。
③ キビナゴは洗って、水分をふきとり、小麦粉をまぶす。
④ ③を170℃の油でカラッと揚げる。
⑤ ①に揚げたてのキビナゴを浸し、②も漬け込む。

ワンポイント

熱いうちに漬け込むと、味がよくしみる。

さっとできる簡単な一品

キビナゴの塩炒り煮

材料(4人分)

キビナゴ(300g)、ショウガ(1片)、塩(小さじ1)、だし汁(50cc)、酒(大さじ1)、サラダ油(少々)

作り方

① 鍋にサラダ油、スライスしたショウガ少々を入れキビナゴを加えて軽く炒める。
② だし汁に塩、酒を加え、味を調える。
③ ①②をあわせて軽く炒り煮にする。残りのショウガを刻んで添える。

ワンポイント

塩と酒のみのシンプルな味。ショウガ等を加えると臭みが気にならない。

あぶり焼き

香ばしい香りで、つまみに最適

材料（4人分）

キビナゴ　100g
奄美の自然塩　少々
レモン　適量

作り方

① キビナゴの水気を取り、5匹ずつ串を打っていく。
② 塩をふる。
③ 焼き網あるいはフライパンで焼く。
④ 片面が焼けたら、裏返してさらに焼く。
⑤ 皿に盛り付け、レモンを添える。

おやつ代わりにも

キビナゴ甘辛煮

材料（4人分）

キビナゴ（300g）、水（60cc）、ショウガ（1片）、だし昆布（10cm）、酒（大さじ1）、みりん（大さじ1）、濃口醤油（大さじ2）、黒砂糖粉（大さじ1）

作り方

① 鍋に水、昆布を入れ、キビナゴを加えて火にかける。
② 煮立ったら昆布を取り出し、ショウガ、みりん、醤油、黒糖を加える
③ 弱火にし、5分ほど煮る。
④ 針ショウガを盛るときれい。

ワンポイント

黒糖を加えることによりコクが出て、見た目にも照りがでる。

和名／アオリイカ

ミズイカ

（アオリイカ科）

特徴　胴長40㎝に達する比較的大型のイカで、胴の縁の半月形の大きなヒレが特徴。日本では南西諸島が主要漁場。透き通った姿が美しい。

効用　墨袋（マダ）汁は「下げ薬」になるといわれ、のぼせや血圧を下げ、血の巡りを良くするという民間療法がある。奄美ではかつては魚屋で、薬として買う人も多かったという。

食べ方　肉質は軟らかく甘みがある。遊離アミノ酸としては最高水準で、イカの刺し身としては最も美味という人もいる。天ぷら、煮付けにも。

　ミズイカのマダを使ったマダ汁はコクがあり、甘くまろやかな味がなんともいえないうまさだ。

ワンポイント

　イカは魚肉と異なる甘みと性質をもっている。加熱し過ぎると身が締まって硬くなり、味も悪くなる。できるだけ強火で手早く調理すること。

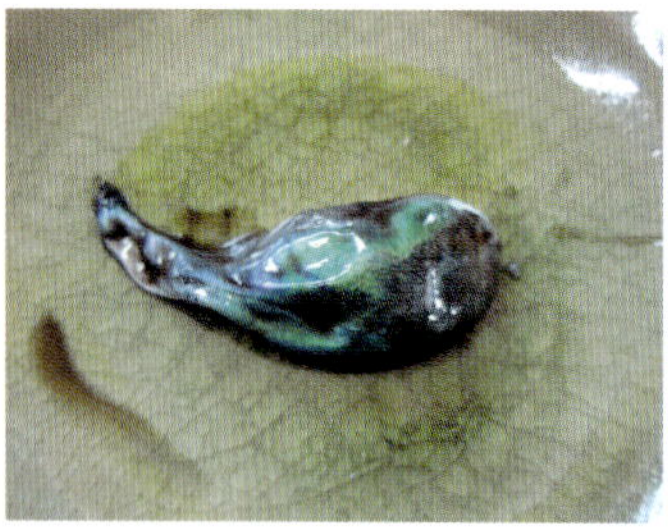

イカの墨（マダ）袋

マダとアオサのペペロンチーノ
ミズイカの炊き込みご飯
ミズイカのマダ汁

①材料をそろえておく。

②だし汁に豚肉を入れアクを取り、味噌を溶き入れる。

③火を弱火にして切ったミズイカを入れる。

④マダを入れる。

⑤ハンダマの半分量をちぎって入れる。

⑥残りのハンダマを飾って出来上がり。

心も体も温まる

ミズイカのマダ汁

材料（4人分）

豚三枚肉	100g
ミズイカ	200g
イカの墨袋（マダ）	少々
味噌	40g
かつお節	1カップ
ハンダマ	少々
水	800cc

作り方

① かつお節でだし汁を取る。
② ①に三枚肉を入れ、アクをすくう。
③ 味噌を溶き入れる。
④ ミズイカを適当な大きさに切って入れる。身が硬くならないよう火は弱火にする。
⑤ 弱火のままマダを入れる。
⑥ ハンダマの半分量を手でちぎって入れ、火を止める。
⑦ 器に盛ってから残りのハンダマを飾る。

ワンポイント

イカのマダには少し塩分が含まれているので、味付けは薄めにするとちょうどよい。マダを入れたら煮立てないほうが、まろやかな味に。ハンダマは栄養価も高いうえに、色味添えになる。

厨房で調理する著者

マダとアオサのペペロンチーノ

磯の香りいっぱいのペペロンチーノです

材料（4人分）

イカ墨入りパスタ
乾めんで400g
（そうめんでも可）
ミズイカ（一口大に切る）　80g
ニンニクスライス　4～5枚
イカの墨袋（マダ）　少々
アオサ　40g
唐辛子　1本
オリーブオイル　大さじ4
塩・コショウ　少々

作り方

① フライパンにオリーブオイルを入れ、ニンニクスライスと刻んだ赤唐辛子を炒める。
② パスタを茹で、茹で汁（80cc）は取っておく。
③ ①に、②の茹で汁を少しずつ入れ、ゆすって乳化させる。
④ ミズイカとアオサ、マダを加えてソースをつくる。塩・コショウで味を調える。
⑤ パスタを1～2人分ずつ和えていく。トッピングに赤唐辛子とアオサをのせる。

ミズイカの炊き込みご飯

イカ墨で変わりご飯はいかが。
栄養もたっぷり

材料（4人分）

米　2合
水　400cc
みりん　大さじ2
酒　大さじ2
濃口醤油　大さじ1
塩　小さじ½
かつお節のだし汁　⅔カップ
ヨモギ　50g
ニンジン　80g
ミズイカ　200g
ミズイカのマダ　少々
だし昆布　1片

作り方

① ニンジンをみじん切りに、イカも3㎝ぐらいに刻んでおく。
② だし昆布は5㎜ぐらいにカットする。
③ 洗った米の中に、ヨモギ以外の材料を入れ、炊き込む。
④ 炊き上がったら、刻んだヨモギを入れて軽くまぜる。

和名／イセエビ

イセエビ

（イセエビ科）

特徴

奄美大島では夜間の素潜り漁で、主にカノコイセエビ、シマイセエビなどがとれる。5月1日～8月20日は禁漁期間。カノコイセエビ（体長35㎝、食用種、南西諸島で多産）は、奄美では「赤エビ」といわれ、本土のイセエビとは違う種類。サンゴ礁の沖側斜面や岩礁に棲む。夜行性。シマイセエビは、多産で青みを帯びる。どちらも、美しい形と模様で、田中一村の絵画にも描かれている。

食べ方

島でのイセエビの食べ方の王道は、味噌汁仕立て。エビのうま味が一番生きる食べ方だ。刺身ではプリプリした甘みが味わえる。高タンパク質、低脂質で、カリウムやリンが比較的多く、ビタミン類ではB_1・B_2・ナイアシンなどが含まれる。

材料（4人分）

イセエビ	1匹
豆腐	1丁
アオサ	50g
白味噌	100g
水	2ℓ

作り方

①イセエビの身部分を5㎝ぐらいに切る。頭殻は、4つ割りに。

②大鍋に水を入れイセエビを入れ、ひと煮立ちさせる。

③豆腐は少し大きめに切り、②に加える。

④味噌を溶かし入れる。

⑤アオサを加え、ひと煮立ちしたら出来上がり。

ワンポイント

シブリやダイコン、ショウガを入れてもおいしい。大ぶりの椀に盛り付ける。

■ だし汁の作り方（基本）

材料

水	4カップ
かつお節	1カップ
だし昆布	10㎝

作り方

①乾いたふきんなどで、昆布の表面を拭く。

②はさみで縦に2～3本切り込みを入れる。

③鍋に水と昆布を入れそのまま20～30分おき、中火にかける。

④沸騰する直前に昆布を取り出す（目安は、昆布から細かい泡がたくさん立ち始めたころ）。

⑤④にかつお節を入れてひと煮立ちさせる。

⑥火を止めて、かつお節が底に沈むのを待つ。

⑦布かペーパータオルで、こして冷ます。

イセエビの味噌汁仕立て

イセエビの食べ方の王道。だしが滲みでてうま味たっぷり。プリプリした身も歯ごたえ十分です

ヤコウガイ（リュウテンサザエ科）

屋久島以南のサンゴ礁域に分布。殻径 20㎝、重量 2.5㎏に達する世界最大のサザエ類。肉はやや硬く、殻は貝細工にも。食べ方は刺し身が主。

チョウセンサザエ（サザエ科）

南島の食用貝。つぼ焼きで食べる。殻に少し水をさし、殻ごと火にかけるか、蒸すと楽に身が離れる。生きているもの（振っても音がしない）を選ぶのがコツ。

ハンガヤ（アカモンガニ科）▶

琉球列島以南に分布。甲幅 12cm。甲面に 11 個の赤い斑点があり、大きなはさみで、サザエの殻を砕く。味噌汁仕立てで食べる。

カニ類はグルタミン酸などのアミノ酸やグアニル酸のようなうま味成分が多く、特有のうま味をもっている。

シラヒゲウニ（ラッパウニ科）

方言名／ガスチ
ガシチなど

奄美諸島、琉球列島から八重山群島にかけて多く水揚げされ、重要な食用ウニとなっている。ビタミン A の含有量が多い。

ウニ漁（奄美市笠利町佐仁）

セミエビ（セミエビ科）

サンゴ礁や岩礁域に生息するセミエビ。小ぶりでも身入りが良く、刺し身、ボイル、焼き物、味噌汁などにしても美味。エビ類は甘みの強いアミノ酸であるグリシンなどを含んでいる。

トビンニャの塩茹で

身は楊枝で引き出していただきます。
奄美では焼酎のつまみの定番です

方言名／トビンニャ・ティラジャなど

材料（4人分）

トビンニャ	500g
水	1ℓ
塩	35g

作り方

① トビンニャは、なるべく海水か塩水に浸し、砂を吐き出させておく。

② 塩分濃度3・5％での塩水に貝がひたひたになる程度の塩水で茹でる。

③ ひと煮立ちしたら、そのまま冷ます。

ワンポイント

トビンニャはとてもよいだしが出るので、茶碗蒸しや鍋料理にも応用できる。砂をよく吐かせることが大切。

和名／マガキガイ

トビンニャ

（ソデボラ科）

魚介類

「跳ぶ貝」という意味のマガキガイ（殻高6㎝）。身は小さいが味がよい。

蓋が爪状になっていて、体を伸ばし蓋を海底に引っ掛けて体を縮めて跳ねるように移動する。イノー（サンゴ礁リーフ内の浅瀬）や内湾の浅瀬の海底に沈殿した有機物を食べる。

※貝類はコハク酸やグルタミン酸を多く含んでいるため、コクのあるうま味がある。

▶海から揚げたばかりのモズクは丁寧に海水で洗浄後、塩蔵される。

和名／オキナワモズク

モズク

（ナガマツモ科）

方言名／スノリ・スヌイなど

旬　5～6月

特徴　南限は西表島で、奄美は北限。養殖技術は、昭和51年に奄美大島で開発された。奄美産オキナワモズクは、現在も手作業で生産されている。奄美では「スノリ」とも呼ばれる。味は淡白で、ぬるぬるした食感がある。

栄養　フコイダン、カロテン、カルシウム、アルギン酸、ミネラル、カリウム、食物繊維を含みノンカロリー。

効能　胃潰瘍の原因であるピロリ菌が胃壁に付着するのを防ぐ効果や、便秘や大腸がん予防にも。セレニウムという強い抗菌化作用物質が、がんの発生や転移を抑えるといわれている。またフコイダン成分は血液をさらさらにして、動脈硬化や生活習慣病予防にも効果があるという。

調理方法　酢の物、鍋物、味噌汁、天ぷらなどに。

ワンポイント

塩抜きし過ぎるとおいしくない。塩蔵モズクは塩抜き後、ザルにあげ、熱湯をかけると臭みが消える。氷水で締め、十分水切りして使用する。

◀モズクの収穫風景
遠浅の穏やかで美しい海で養殖されている。
（奄美大島北部・笠利湾）

モズクそうめん

清涼感たっぷりのモズクそうめん。色味や栄養バランスは薬味で補って

材料（4人分）

そうめん	4束
モズク（生あるいは塩蔵）	200g
氷	少々
青ジソ	4枚
梅干し	4個
薄焼き卵	1個分
干しシイタケ	2枚
キュウリ	½本
小ネギ	30g
ゆずこしょう	適量

＜めんつゆ＞
薄口醤油60cc、砂糖10g、だし汁240cc

作り方

①めんつゆの材料を鍋に入れ、ひと煮立ちさせて冷ましておく。

②薄焼き卵とキュウリは千切り、小ネギは小口切りに刻んでおく。シイタケは水やぬるま湯でもどし、千切りにして煮る。

③そうめんを硬めに茹で、水洗いしておく。

④塩蔵モズクの場合はよくもみ洗い（1分30秒ほど）して、塩を抜いておく。生モズクの場合は軽く洗っておく。

⑤深鉢にそうめんとモズクをまぜるように入れ、氷水を入れる。

⑥青ジソをのせ、梅干しを飾る。季節によって、ミョウガを刻み入れてもおいしい。

⑦薬味として②やゆずこしょうを添え、めんつゆでいただく。

モズク酢

定番メニューのモズク酢。
居酒屋などでも突き出しに
よく出されます

材料（4人分）

塩蔵モズク	160g
山芋	60g
クコの実	4粒
〈モズク酢〉	
酢	大さじ2
薄口醤油	大さじ1
砂糖	大さじ1強
だし汁	60cc

作り方

①酢と醤油、砂糖、だし汁をあわせておく。
②塩抜きし、もみ洗いした塩蔵モズクに①をかけて、器に盛る。
③山芋のすりおろし、クコの実などを添えると、見た目にもきれい。

ワンポイント

生モズクは塩蔵モズクに比べて色が明るく、歯ごたえも抜群。入手はなかなか困難だが、機会があればぜひ味わってみて。

モズク鍋

ヘルシーなモズクを最後に入れて、アツアツのうちにどうぞ

材料（４人分）

生モズク	２００g
（塩蔵モズクの場合は塩抜きして）	
白身魚切り身	４切れ
貝（トビンニャ）	２００g
白菜	¼個
ハンダマ	２房
春菊	40g
シイタケ	４枚
シメジ	１パック
豆腐	１丁
だし汁	２ℓ
ポン酢	少々

作り方

① 鍋にだし汁を入れ、生モズク以外の魚介類と野菜を入れて煮る。
② 最後にモズクを入れて、出来上がり。
③ ポン酢など好みのタレでいただく。

ワンポイント

新鮮な生モズクは、鍋に入れるときれいな緑色に変わる。モズクは煮過ぎないことがコツ。トンビニャは良くだしが出るが、砂をよく吐かせること。

乾燥アオサ

和名／ヒトエグサ

アオサ

（ヒトエグサ科）

旬　1月下旬～3月中旬

生息環境　太平洋側の暖かい潮間帯上部の岩上などに生える。分類学上、奄美でいうアオサ（ヒトエグサのこと）は総称で、一般的なアオサとは異なる。

栄　養　タンパク質　ビタミンA・B_2・B_{12}、葉酸、カルシウム、マグネシウム、ミネラル、食物繊維が多い。

効　用　胃の不快症状の改善に。

調理方法　かき揚げなどのほか、さまざまな風味付けや色味添えにも。

ワンポイント

摘んですぐに塩水で砂を落とすと、きれいに砂が落ちる。

アオサ摘みの風景（沖永良部島）

アオサとタナガの空揚げ

アオサの磯の香りと、タナガの歯ごたえが絶品です

和名／テナガエビ

タナガ▶

（テナガエビ科）

体長９㎝ほどの淡水エビで、十分に成長した雄では第二胸脚が体長の約 1.5 倍に達する。奄美の川でもよくとれる。

材料（４人分）

アオサ	１５０g
タナガ	１００g
小麦粉	80g
水	50cc
揚げ油	適量
自然塩	適量

作り方

①タナガを水洗いし、汚れを取る。

②アオサをボウルに入れ、タナガエビとまぜる。

③小麦粉をふるい、①にまぜ合わせる、

④水を少しずつ加え、一口大にまとめる。

⑤１７０℃の油で、からっと揚げる。

⑥盛り付けて奄美の自然塩を添える。

ワンポイント

小麦粉を使うとサクサクに、餅粉を使うとモッチリした感じになる。

アオサ入り油ぞうめん

磯の香りとニンニクが食欲をそそります。
ビールのつまみにも

材料(4人分)

そうめん　4束
アオサ　20g
(生あるいは乾燥)
サラダ油　大さじ2
ニンニク　2片
唐辛子　1本
塩　少々
粒コショウ　少々
水　50cc

作り方

① ニンニクは皮をむき、スライスする。
② そうめんを硬めに茹で水で洗い、水気を切っておく。
③ フライパンにサラダ油とニンニクを入れる。サラダ油がニンニクにかぶるようにフライパンを傾けて、弱火にかける。
④ オイルがふつふつと温まってきたら中火にして、ニンニクがきつね色になったら火から外し、種を取った唐辛子を入れる。
⑤ アオサ(乾燥ものは、水で戻して水気を切っておく)を入れてまぜ、水を入れてさらによくまぜる。
⑥ ⑤が白っぽくなったら、茹でておいたそうめんをフライパンに入れ、塩・コショウで味を調える。

ワンポイント

ニンニクに油がかぶるようにフライパンを傾けると、ニンニクの香りがサラダ油全体にしっかりと広がる。

アオサ入りだし巻き卵

奄美の春が、食卓にやってきたような
美しい彩りの一品です

材料（4人分）

卵	4個
だし汁	大さじ2
上白糖	大さじ1
薄口醤油	小さじ1
塩	小さじ½
アオサ	40g
サラダ油	大さじ1

作り方

① 卵を溶き、だし汁、上白糖、醤油、塩を加え、かきまぜる。
② アオサをほぐして加え、かきまぜる。
③ 卵焼き器に油をひき、熱する。
④ ②を卵焼き器に少量入れ、手前に巻き込む。
⑤ さらに②を加え巻き込むことを繰り返し、形を整える。
⑥ 食べやすい大きさに切り、盛り付ける。

ワンポイント

アオサは適当に手でほぐし入れた方が塊ができず、きれいに仕上がる。

奄美の食文化

志學館大学教授　原　口　泉

奄美の5月は美しい。イジュの白い花が可憐に咲き、ハイビスカスやブーゲンビリア、デイゴの花が彩りを添えている。今年2月に10・20豪雨災害の被災地を視察したときには、その復旧の速さに驚き、減災に役立った結いの力に感動した。5月は名瀬での結婚披露宴に招かれての訪問であったので、奄美ならではの豚と鶏の競演の食事を堪能できた。さすがに三献(さんごん)の膳でおごそかに正月を祝う奄美らしい祝い膳であった。

奄美の料理文化はメリハリがある。かつての飢饉食であったユリ根や、蘇鉄の胴ガユや芭蕉の芯も今ではぜいたくな味わいといってよい。

黒糖焼酎を飲めば、奄美の歴史や文化が感じられるように、奄美の食は、奄美の自然や風土を想起させてくれる。アバス(ハリセンボン)にイギス(海藻ツノマタ)を入れて、キビ酢で味付けした鍋料理は最高に美味しい。バカスを床に作ったナバ(きのこ)も味に深みを与えている。食べながら思い出すのは、古仁屋の揚げ場にずらりと並んだアバスと市場で見たマツタケもどきのきのこである。こうした奄美の食景が私を魅了してやまない。

北緯27度から28度30分の奄美には多様な動植物が生息し、固有種も多い。シダ植物以上の高等植物は奄美大島に１５００種、固有種は40種もある。２０１１年6月11日には、日本における生物多様性の重要地域に選定されている。また、「道の島」といわれたように南と北の交流を反映した芸能(諸鈍シバヤ)がある。従って食文化も多様で、固有であることが特色だ。藩政時代、寒天を使った練りようかんが作られていたが、寒天は日向国高城で藩が密造していたものが使われていたと思われる。中国への輸出品であった寒天の製造は江戸幕府により厳しく管理されていた。

奄美の調味料の主役は味噌である。本土がかつお節や醤油であるのと対照的といってよい。味噌はサンゴ礁の魚には相性がよいからであろう。ミキやナリ味噌など、奄美では発酵の食文化が発達している。『南島雑話』には垂糟《たれかす》味噌、糠《ぬか》味噌、蟹《ガン》味噌、蘇鉄味噌、椎味噌、百合味噌、テヘチ味噌、醤油糟味噌をあげて、「この島、味噌を好めり」と記している。

藩政時代、黒糖をなめただけで厳刑に処せられたというが、その頃でもジョウヒ餅という黒糖と餅米を使った高級なお菓子が作られていたのは、サトウキビ栽培による富豪層(シュウタ)の存在を考えれば、当然のことであろう。黒糖生産が軌道に乗った江戸後期には、大島の三大富豪が、お互いに泡盛風呂で接待したという口伝があるので、黒糖焼酎も幕末には作られていたと見られる。

嘉永年間の喜界島では、製糖期には焼酎こしきに封をするように達せられているが(1853年)、黒糖焼酎が製造されていたことの証左である。

奄美は1609年、薩摩藩の直轄地とされたが、その14年後に示された「大島置目之条々」という統治方針の中に、「諸百姓、なるべき程しゃうちう(焼酎)を作り、あい納むべき事」とあり、焼酎の貢納を命じている。近世初期の奄美には、焼酎の蒸留技術があったことがわかる。

鶏飯は藩政時代、鹿児島から赴任した代官をもてなす料理として始まった。山鳥も使われていたらしい。鶏を刺身で食べる薩摩の習慣は、闘鶏を士風高揚のために盛んに行なったことと関連している。負けた鶏をその場で食するのである。

リュウキュウイノシシは小振りで味がしまっている。加計呂麻島は渡連の民宿で、狩りで仕留めたばかりのイノシシを食べたことがあるが、生肝はさすがに黒糖焼酎の勢いを借りて胃に納めることができた。完《しし》(イノシシ)狩りは、徳之島に赴任した代官の楽しみであった。毎日のように山へ出かけている。

藩政時代、奄美各島に赴任した役人は、2000人以上いたはずである。奄美に滞在中の2年間に、彼らは薩摩に塩豚を送ることが多かった。また、薩摩に上国した与人(島役人)の土産は芭蕉布や紬だけでなく、塩豚もあった。豚を常食とする習慣は明らかに琉球・奄美からの伝来である。寛永時代(1620年代)、国分の町ではたくさんの豚が飼育されている。

幕末京都にいた薩摩藩士は、時々、豚飯(ブタミシ)を食べる会をもっていたことが、桂久武の日記に記されている。家老の桂は奄美大島に赴任したことがあり、京都では大島から連れてきた料理人に豚飯を作らせている。

奄美は今や、沖縄よりはるかに健康長寿の島といわれている。戦後の沖縄のようにアメリカ流のジャンクフードが普及しなかったことも長寿の一因とされている。また、各家庭に当(アタイ)という屋敷の自家菜園があり、ネギ、ニラ、ニンニク、ラッキョウ、ハンダマなどの野菜は自家製であることも多い。

江戸時代の薬草書「本草綱目啓蒙」(小野蘭山著)には、さつまの薤(ラッキョウ)があげられている。薤はまた、江戸の薩摩藩邸で他の大名を接待する食膳に供されているから(松浦静山「甲子夜話」)、江戸では高級な食材であったのであろう。この薤を黒糖で漬けたものを与論島の各家庭では今でも作っている。

薩摩藩では「質問本草」を刊行するなど本草学が発達したが、奄美・種子島・屋久島は天然の薬草園であった。従って、奄美の食膳は、基本的には薬膳なのである。年中行事の中で最初の節句は七草祝いであるが、その時食するナンカンジョセ(七草粥)は、最高の薬膳である。早春の大地の「気」をたっぷり含んだ若菜を食するのが本来の七草粥であるが、奄美では、一般的な七草を入れるのではなく、サトイモやニンジンなどの根菜を入れ、粥の上に塩豚の煮込みをのせる豪華版となっている。七草粥の風習は徳川家の習わしを薩摩藩が取り入れ、奄美に伝わった。数え年七歳になった子どもの健やかな成長への願いが込められ、奄美では今でも親戚近所を回って、七軒からナンカンジョセをもらって食べる習慣が残っている。鹿児島県本土では、余り見られなくなったが、薩摩では七所雑炊(ナナトコイノズシ)といい、他県では見られない習慣である。

歴史や風土に根ざした伝統的食文化がもっともよく残されている奄美の料理。まさに文化遺産として、新しい工夫も加えながら、今後も受け継ぐべきものであろう。

鶏　飯

美しい彩りと滋味深い味わいの鶏飯は、かつて薩摩藩の役人をもてなした豪華な料理でした

鶏飯の歴史

鶏飯は、奄美群島が薩摩藩の直轄地だった江戸時代に、奄美北部(笠利)で藩の役人をもてなす豪華料理として創りだされたといわれています。幕末には、「鶏飯」の始まりと思われる「鶏の汁」がもてなし料理として登場しますが、郷土史家の弓削政己さんによれば「鶏飯」という料理名が奄美の文献に出てくるのは、幕末に書かれた『桂久

武日記』が最初だということです。

現代では鹿児島県の給食のメニューとしても定番となり、2007年には農林水産省が選定する「農山漁村の郷土料理百選」(アンケート調査)で全国第2位に選ばれるなど、その人気はますます上昇しています。いまや奄美大島だけではなく、鹿児島を代表する郷土料理といえるでしょう。

鶏飯用

黄金色のスープづくり

①鶏飯用に最適といわれる「あまみ赤鶏」

取材協力／みなみくんの卵㈱

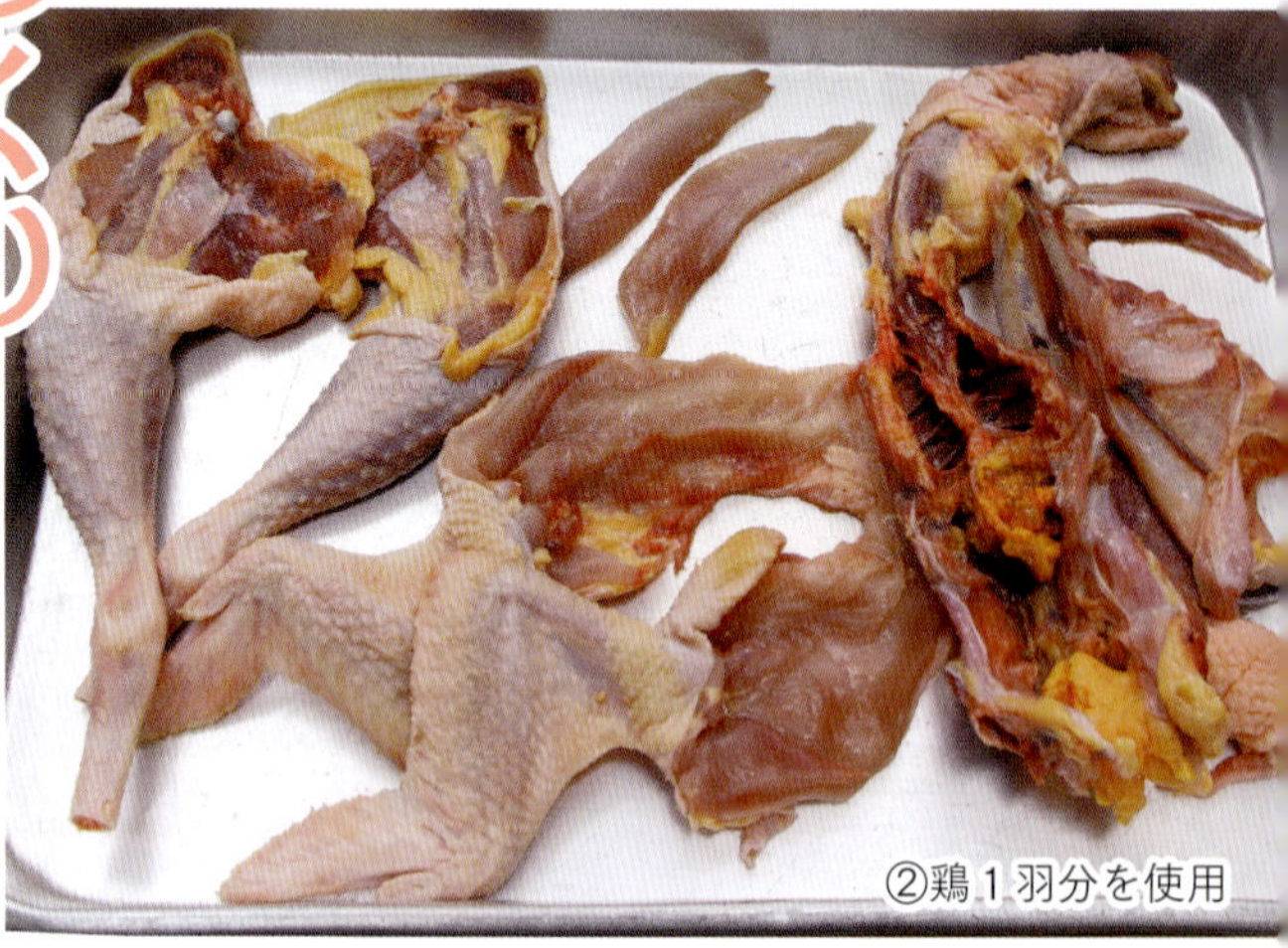

②鶏１羽分を使用

取材協力／南養鶏直売店

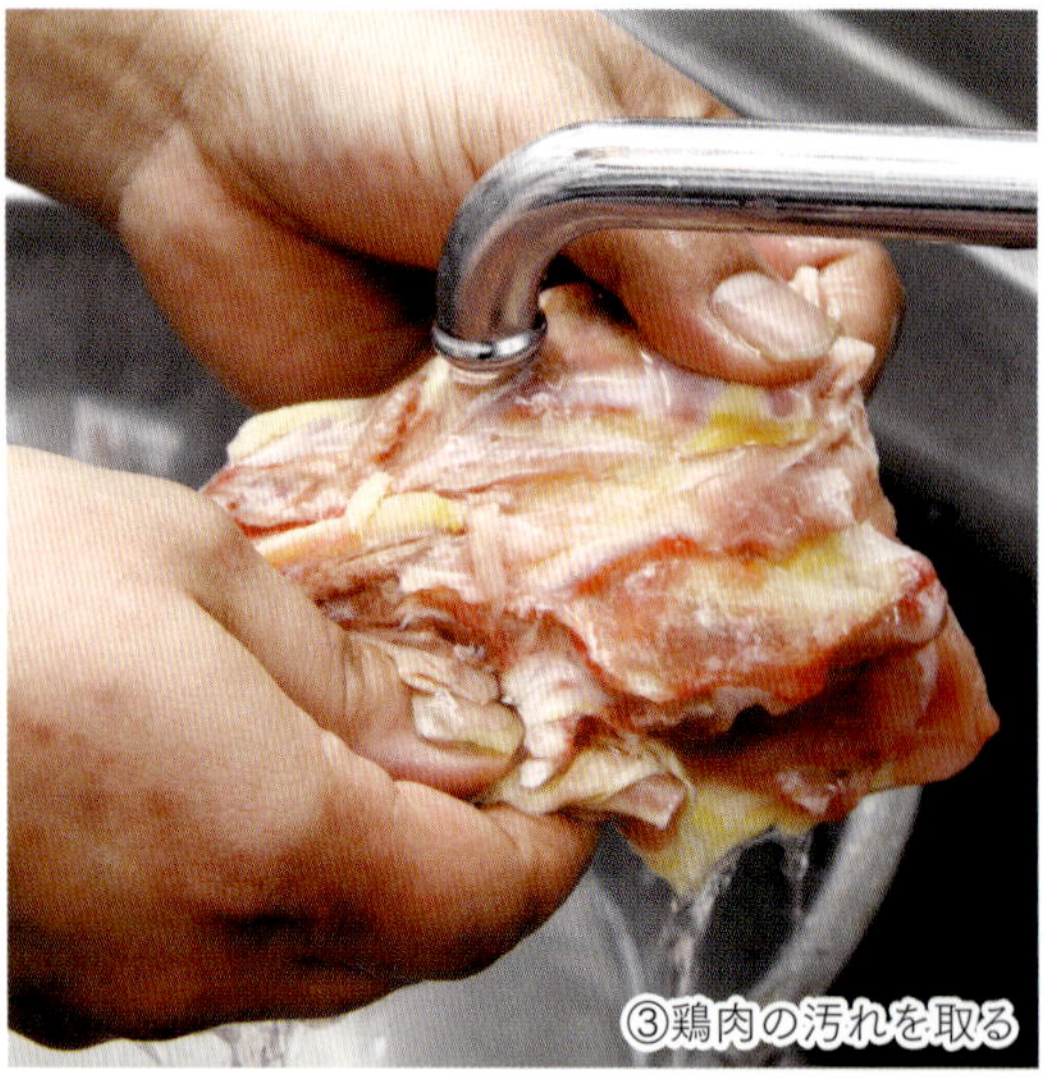

③鶏肉の汚れを取る

④大鍋で水から湯がく

鶏飯は食欲がない夏でも、口当たりがよくさらさらと箸がすすむので、身体に元気を呼び覚ましてくれます。鶏肉やスープはタンパク質を含み活性酸素を除去してくれる働きがあり、栄養的にもとても優れています。

鶏肉とは

栄養　部位により違いはあるが、アミノ酸がバランスよく含まれており良質のタンパク質が多い。ビタミンA・B_1・B_2・マグネシウム・亜鉛などのほか、不飽和脂肪酸のリノール酸やリノレイン酸を多く含んでいる。

効用　動脈硬化の予防、疲労回復、美肌、老化防止、滋養強壮など。

⑤臭みを取るため、長ネギを入れる

⑥アクを取りながら、2～3時間ほど煮込む

⑦黄金色のスープを漉す

鶏飯の作り方

材料(4～6人分)

鶏飯用の鶏肉(骨付き)1羽分、だし昆布(10㎝)、長ネギ(1本)、干しシイタケ(8枚)、卵(4個)、パパイヤの漬物(40g)、ミカンの皮(10g)、小ネギ(50g)、刻みのり(10g)、米(4カップ)、水(3ℓ)、塩(小さじ3)、濃口醤油(小さじ2)、薄口醤油(小さじ1)、みりん(小さじ3)

作り方

① 鶏肉(一羽分)はぶつ切りにし、骨などについた汚れはよく洗う。

② 大鍋に水を入れ、鶏肉を入れる。だし昆布、戻したシイタケ(戻し汁は取っておく)、長ネギを入れて強火で煮ていく。

③ 沸騰してアクが出て来きたら丁寧にすくい、アクを取り除く。

④ 中火にして1時間ほど経ったら、だし昆布とシイタケを取り出す。

⑤ シイタケは千切りにして、小鍋に戻し汁1カップ、濃口醤油小さじ1、みりん小さじ1を入れて、汁がなくなるまで弱火で煮る。

⑥ 鶏肉(ささ身と胸肉部分)は取り出し、身を細めにほぐしておく。

⑦ 米はやや硬めに炊く。

⑧ 卵は割りほぐして漉し、みりん小さじ2と塩小さじ½を入れてまぜ、錦糸卵を作る。

⑨ パパイヤの漬物はみじん切り、ネギは小口切り、ミカンの皮はみじん切りにする。

⑩ ④から2時間ほどたったら、煮込んだ黄金色のスープを静かに漉す。

⑪ ⑩を温めながら、塩(小さじ2½)を入れて、味を調える。その後、濃口醤油(小さじ1)、薄口醤油(小さじ1)を入れてさらに味を調える。

⑫ 皿に材料の全てを彩りよく並べ、鶏汁は熱く温めておく。

⑬ 茶碗にご飯を6分目位よそい、材料を盛りつけ、熱いスープをかける。

鶏飯風そうめん

鶏飯のスープと具材を、そうめんにかけて。なめらかなのど越しで、食べやすい一品です

材料（4人分）

そうめん	4束
鶏飯スープ（P．108〜109）	4カップ
錦糸卵	100g
鶏肉のほぐし身	100g
干しシイタケの薄味煮	50g
アオサ	30g
小ネギ	適量
ミカンの皮	適量
クコの実	適量
刻みのり	適量

作り方

① そうめんを茹で、水で洗って水切りをしておく。

② 鍋に鶏飯用のスープを温め、①を入れて、ひと煮立ちさせる。

③ 器にそうめんとスープを盛る。

④ そうめんの上に錦糸卵、鶏肉のほぐし身、シイタケの千切り、アオサ、小ネギの小口切り、刻んだミカンの皮、、刻みのりをのせる。

※クコの実は色味添えに。

鶏飯リゾット

鶏飯スープをご飯に染み込ませれば、イタリアンに早変わり

材料（4人分）

ニンニクみじん切り（少々）、鶏飯スープ（200cc）、硬めのご飯（150g）、ハンダマ（4枚）、ニガウリ（1本）、ミニトマト（2個）、ニンジン（少々）、ダイコン（少々）、生クリーム（30cc）、オリーブオイル（10cc）、バター（3g）、パルミジャーノチーズ（少々）、塩・コショウ（少々）、パセリ（少々）

作り方

① ニンニクをみじん切りにし、オリーブオイルで軽く炒める。
② 硬めのご飯（バターライスでも可）を加え、鶏飯スープを加え煮込む。
③ スープを3回に分けて加えながらゆっくり煮込む。
④ 煮詰まってきたら、ニガウリスライス、ニンジンとダイコンの搾り汁を加える
⑤ 生クリームを加え煮込む。
⑥ 塩・コショウ、バターで味付けし、仕上げにチーズを入れてまぜ、火を止める。
⑦ 半分にカットしたハンダマ、ミニトマトを加えさっくりとまぜる。
⑧ 器に盛り付け、パセリのみじん切りを散らす。

ワンポイント

ハンダマは、火を止めてから入れる。さっくりとまぜれば色が抜けない。

鶏肉料理

冬瓜と鶏肉のスープ

シンプルな鶏のスープ。奄美では風邪をひいた時にも、よく食べます。体が温まり、簡単に滋養がとれるからでしょう

材料(4人分)

シブリ(冬瓜)	400g
骨付き鶏肉(ぶつ切り)	½羽
水	8カップ
干しシイタケ	8枚
小ネギ	適量
ショウガ	2片
塩	大さじ½
薄口醤油	大さじ½
濃口醤油	小さじ1
みりん	大さじ1
酒	大さじ1

作り方

①ぶつ切りにした鶏肉は、熱いお湯をかけて霜降りにする。

②大きな鍋に水を入れ、鶏肉とショウガを入れて沸騰させる。途中、アクが出るので丁寧にすくう。

③冬瓜は皮をむき、中の種を取り、食べやすい大きさに切る。

④シイタケは水でもどし、石づきを取り、細切りにしておく。

⑤②が沸騰したら、シイタケと冬瓜を入れて約1時間煮る。鶏肉が軟らかくなったら、調味料を入れて味を調える。

⑥出来上がったら小ネギを入れて火を止める。

ワンポイント

アクは丁寧に取り除く。

冬瓜のほかに、大根や白菜を入れてもおいしい。

鶏肉の刺し身

鶏肉は低カロリーで、必須アミノ酸をバランスよく含んだ良質なタンパク質が多いのが特徴です。新鮮な鶏刺しに薬味をたっぷり添えて

材料（4人分）

朝引き鶏肉 モモ肉	50g
胸　肉	50g
砂ずり	20g
レバー	20g
タマネギ	1/4個
青ジソ	4枚
濃口醤油	適量
ニンニク	適量
ショウガ	適量
スライスレモン	2枚

作り方

① 朝つぶした新鮮な鶏肉（表面を焼いたもの）のモモ肉、胸肉、砂ずり、レバーをスライスする。

② タマネギを薄くスライスする。

③ 器に②と青ジソを盛り、①をのせる。刺し身を器に盛る。

④ おろしショウガ、おろしニンニク、スライスレモンを添える。

ワンポイント

必ず朝引き鶏肉の新鮮なものを使い、その日のうちに食べ切ること。

鶏肉ステーキ

手軽にできて、ビールのつまみにも最適。モモ肉は鉄分が多く含まれ、うま味があります

材料（4人分）

朝引き鶏肉　モモ肉	150g
ニンニク	1片
オリーブオイル	少々
小ネギ	適量
タマネギ	½個
レモン	1片
塩・コショウ	適量

作り方

① ニンニクをスライスし、フライパンにオリーブオイルを入れ炒める。
② モモ肉を適当な大きさに切り、①に入れて表面を炒める。
③ 塩・コショウで味付けする。
④ タマネギをスライスして炒め、その上に肉を盛る。
⑤ 刻んだネギをのせ、レモンを添える。

ワンポイント

刺し身用鶏肉を使い、中は半生で仕上げると軟らかくておいしい。

豚《ウァ》肉

奄美で生産されている黒豚　　取材協力／㈲奄美興島園

島豚

奄美では古くから全身が真っ黒の島豚（喜瀬豚は代表格）と呼ばれる在来種が飼育されていた。豚のことを奄美では、「ウァ」と呼ぶ。

歴史

イノシシから家畜化された豚は、中国では4800年前から食べられてきた。中国との交流で琉球に全身黒い「アグー」種が渡来し、その後、桃園種がかけあわされて奄美に伝わったといわれる。各家で飼われて年末に屠殺され、貴重なタンパク質源として重宝された。島豚は非常に美味だったが生産性が悪く、奄美群島日本復帰後はほとんど飼育されなくなった。しかし現在、少しずつ復活の試みがなされている。

栄養

ビタミンB_1を豊富に含み、タンパク質にはアミノ酸がバランスよく含まれ、脂肪分は不飽和脂肪酸が多い。鉄分、リン、カリウムなどのミネラルも豊富で、皮膚の新陳代謝を高めるコラーゲンも豊富である。

特徴

島豚の特徴は、全身が真っ黒で耳と尻尾が垂れ、腹も大きく弛んでいた。8カ月〜1年の期間をかけて飼育しても、70kg前後と小ぶりだが、味は大変美味であったという。

効用

夏バテ解消、食欲増進、疲労回復、骨粗鬆症の予防、美容・美肌などの効果があるといわれている。

「最高の食糧」だった豚肉

久留　ひろみ

かつて奄美で豚（島豚）といえば、全身真っ黒の黒豚を指した。豚は各家庭で1頭ずつ飼っていて、正月前に1年分の自家用の肉としてつぶした。年越し料理の「豚骨野菜」（ウァンフィネィヤセ）をはじめ、豚味噌、フル（葉ニンニク）との炒め物などのほか、茹でたり、焼いたり、味噌や塩漬けなどの保存食にしたりと、すべての部位をさまざまな料理にすることができた。タンパク源が少なかった当時の食生活のなかで、豚は「最高の食料」だった。

昭和40年代までは、旧名瀬市でも山手の方で豚を飼っている人たちがいて、餌の残飯集めにわが家にも回って来た。その頃は当たり前と思っていた島豚だが、今ではほとんど見ることはできない。

島豚の容姿は決して美しいとはいえず、肥育も大変遅いため経済性は劣っていたが、抜群のうまさだった。

豚肉は鉄分や脂肪、タンパク質のほか、加熱しても壊れにくいビタミンB_1やB_2が豊富で、疲労回復効果があるといわれる。奄美における豚の消費量は、本土と比べかなり多い。奄美に長寿者が多い要因の一つに、豚肉の摂取が多いことがあげられるだろう。

奄美・豚肉の基礎知識

①ミン(耳の皮。コリコリした食感が楽しめる)

②ツランコ(顔の皮。コラーゲンたっぷりのまったりした食感)

③脂ロース(赤身の筋肉間に脂肪があるのでコクがあり、奄美料理で人気の部位。煮しめ、ショウガ焼き、しゃぶしゃぶ用に。肩ロースのこと)

④下ロース(コクがあって美味。しゃぶしゃぶ用)

⑤内ロース(下ロースの内側にある肉。一口カツ用に)

⑥三枚肉(赤身と脂肪が交互に三層になっている肉。同じくらいの厚さで交互に層をつくっているものほど良質。きめはやや粗いが、硬くない。風味とコクにすぐれるので、好まれる)

⑦アバラ肉(三枚肉の下にある骨付きのアバラ肉は、脂肪と肉がほどよくまじり合った部分。煮込みや焼いても軟らかくて美味なので、好まれる)

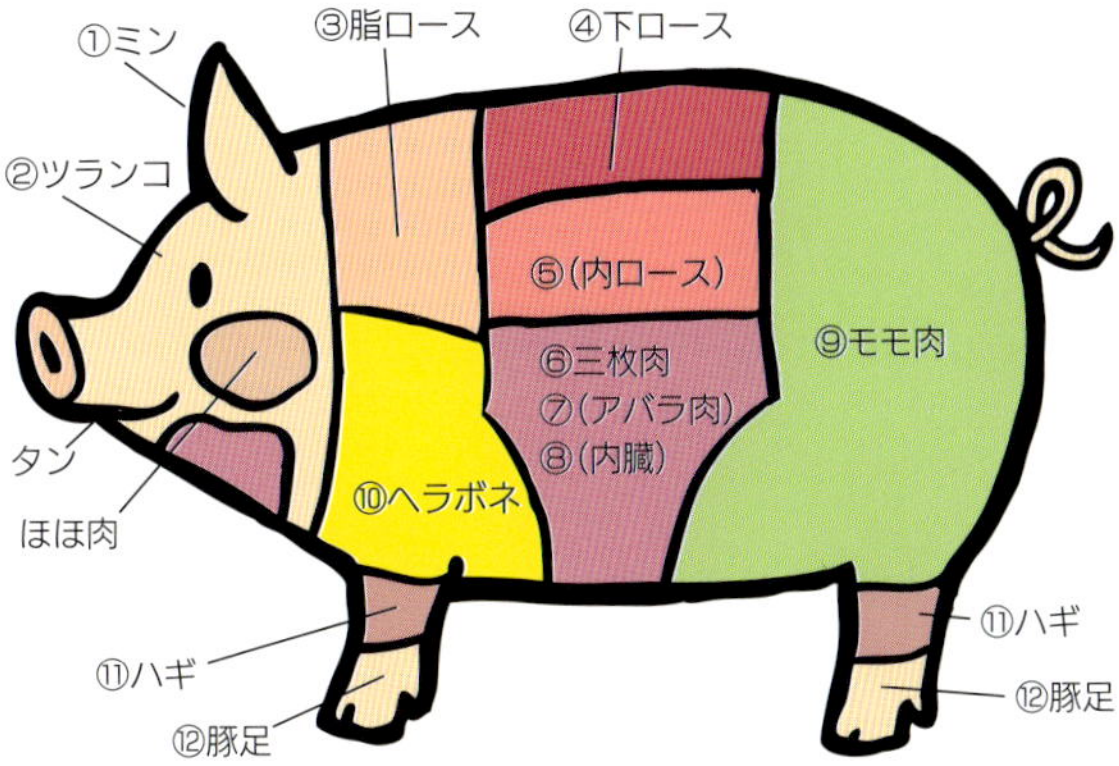

⑧内臓(内臓は中身「ナカミ」と呼ばれる。タンパク質やビタミン、鉄分などが多く含まれる。特にレバーはビタミンAや鉄分、ミネラルを豊富に含んでいる)

⑨モモ肉(タンパク質が豊富な赤身肉)

⑩ヘラボネ(前脚部分。脂と肉が多く、軟らかく美味。煮込み用に人気)

⑪ハギ(脚の部分でコラーゲンが多い。煮込み用に人気)

⑫豚足(コラーゲン、エラスチンなどのタンパク質が豊富に含まれ、長時間煮込むとゼラチンに変わり、口の中でとろけるような軟らかさになる。奄美では「ジグン」ともいう)

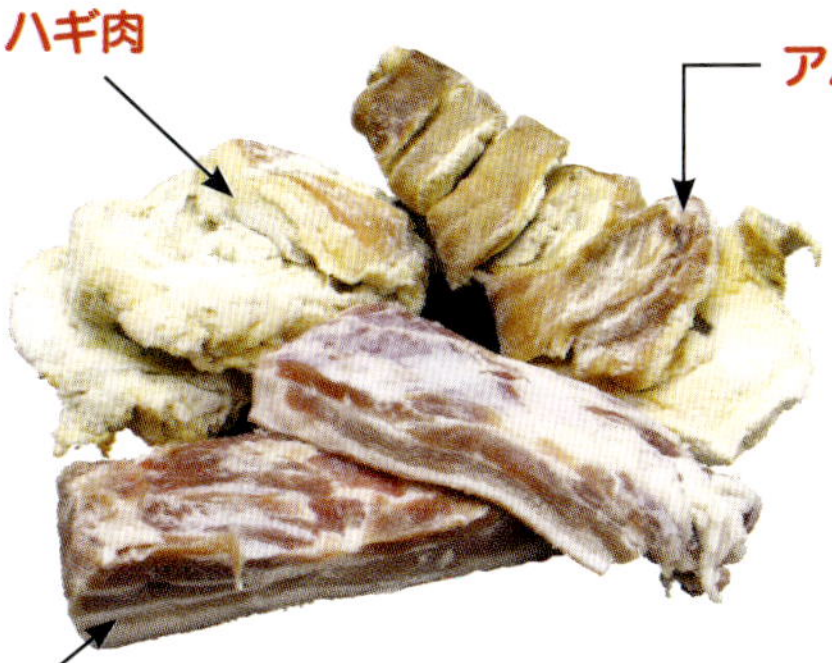

塩　豚
生の豚肉に塩をもみ込んで、水分を乾燥させていく。昔は高倉につり下げて乾燥させた。

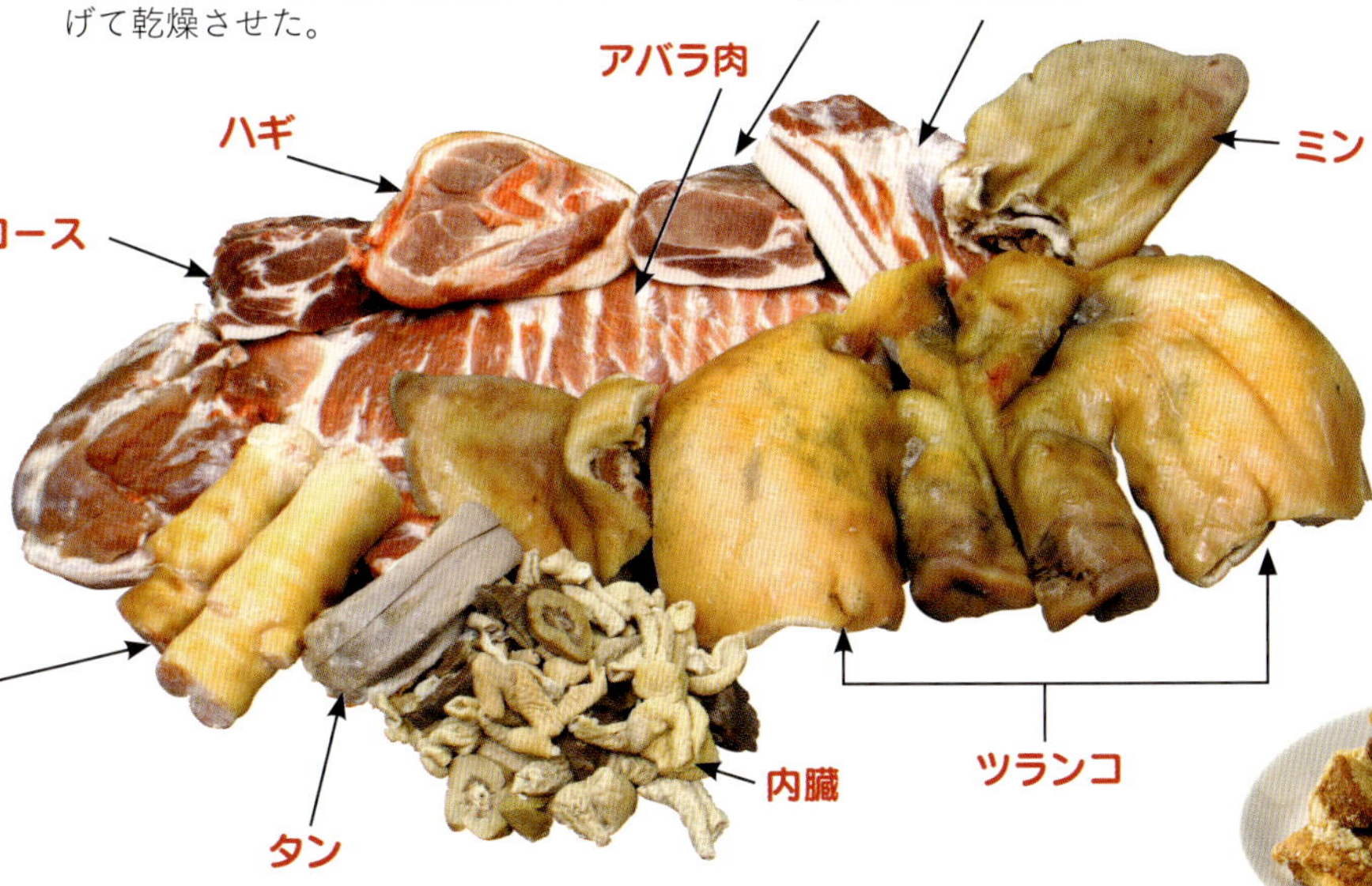

あぶらかす
脂を空炒りして、脂肪分を取ったもの。煮込みなどに入れるとコクが増す。

取材協力／ミートショップ重田

耳皮《ミン》料理

耳皮のかつお節和え

コリコリした耳皮を、かつお節で和えて。
つまみにもどうぞ

材料（4人分）

豚の耳皮	2枚
かつお節	½カップ
塩	適量
〈三杯酢〉	
酢	¼カップ
薄口醤油	¼カップ
だし汁	大さじ3
みりん	大さじ1

作り方

① 豚の耳皮は塩でもみながら丁寧に洗う。たっぷりの湯で30分間茹でる。
② ボウルに三杯酢の材料を合わせておく。
③ ①を網で焼き、千切りにする。
④ ②③を合わせ、最後にかつお節をまぶす。

ワンポイント

耳皮は焦げ目がつくまで焼くと、香りが立ち香ばしい。
キュウリや青ジソ、ミョウガを入れてもおいしい。
耳皮は処理に手間がかかるので、市販のスライスを使うと手軽にできる。

耳皮の酢みそ和え

茹でて軟らかくした耳皮を酢味噌和えにすると、上品な味に仕上がります

材料（4人分）

豚の耳皮	200g
キュウリ	1本
酢	大さじ4
味噌	大さじ1
ごまペースト	大さじ3

作り方

①豚の耳皮は塩でもみながら丁寧に洗う。たっぷりの湯で30分間茹でる。
②キュウリは千切りにし軽く塩をふり、水気を搾る。
③酢、味噌、ごまペーストは合わせておく。
④ボウルに耳皮とキュウリを入れて、③の酢味噌で和える。

ワンポイント

耳皮は茹でて脂肪を取り除き、水でさらす。

面皮《ツランコ》料理

ツランコの味噌漬け

味噌に脂身がしっとりなじみ、絶品の味に

材料(4人分)

ツランコ　300g
〈漬け込み用味噌〉
粒味噌　1kg

作り方

① 漬け込み用味噌は、あまり塩分の強くないものを用意する。
② ツランコを茹でる。一度茹で汁を捨て、再度30分～1時間ほど茹でる。
③ 漬け込み味噌に②のツランコを水気を取って漬け込み、冷蔵庫で寝かせる。
④ 4～5日したら味もなじみ、食べられる。

ワンポイント

味噌が水っぽくならないように、ツランコの水気は十分ふきとる。

ツランコのあぶり焼き

コラーゲンたっぷりのツランコを
あぶり焼きにして。女性にうれしい
一品です

材料（4人分）

ツランコ味噌漬け　16枚

作り方

①ツランコ味噌漬けを火であぶる。

②両面を軽くあぶる。

ワンポイント

味噌は焦げやすいので、注意する。

三枚肉料理

豚味噌

ご飯が進む豪華な常備菜。
魚やイカ、タコなどでも
応用ができます

材料（4人分）

豚の三枚肉（ブロック）	300g
粒味噌	300g
砂糖（あれば島ざらめ）	50～100g（好みで）
塩	大さじ1
かつお節	30g
落花生の粉（ない場合はピーナッツを砕くか、白ゴマをすってもよい）	50g
サラダ油	適量

作り方

① 豚の三枚肉に塩をまぶしながら、もみ込む。
② ①を沸騰した湯で湯がく（蒸してもよい）。
③ 茹で過ぎないうちに湯を切り、一口大にカットする（カットしたものを油で炒めてもおいしい）。
④ ボウルに粒味噌、島ざらめ、かつお節、落花生の粉を入れて合わせる。
⑤ ④に③を入れて軽くまぜ合わせて出来上がり。
※ 容器に入れて保存すると、味が染み込んでさらにおいしくなる。

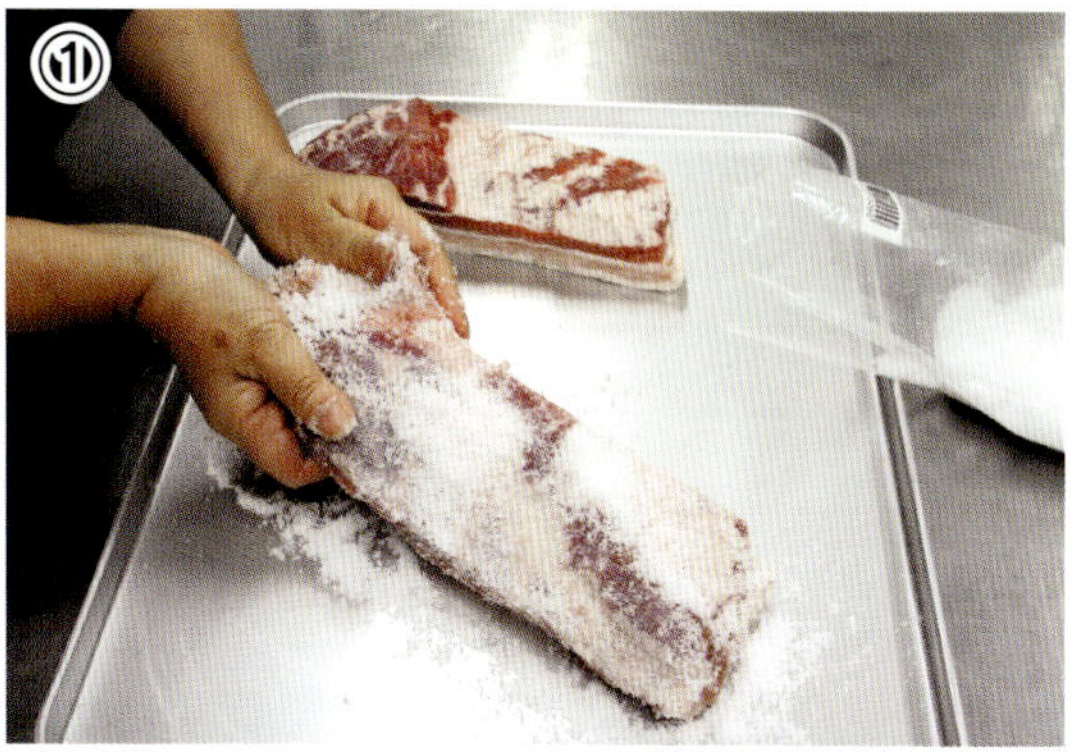

ワンポイント

豚味噌作りの応用で、魚味噌、イカ味噌、タコ味噌などもできる。魚味噌の場合、白身魚は焼いてほぐし、イカ、タコは蒸して漬けるだけ。漬ける具材の水気を残さないことがコツ。

材料(4人分)

そうめん	4束
豚の三枚肉	150g
キャベツ	3枚
赤パプリカ	½個
卵	2個
塩	小さじ1
薄口醤油	大さじ1
コショウ	少々
酒	大さじ1
サラダ油	大さじ1

作り方

①そうめんは硬めに茹で水洗いして、水気を切っておく。

②豚肉は一口大に切る。薄切り肉でもブロックでもよいが、そうめんには薄切り肉が合う。

③キャベツは2㎝に、赤パプリカは千切りにする。

④フライパンに油をひいて豚肉を炒め、火が通ったら③を入れて炒め、醤油、酒、塩・コショウで味を調える。

⑤④に①を加えてさらに炒める。

⑥いり卵を作って、⑤の油ぞうめんと軽くまぜる。

現代風
油ぞうめん

季節の野菜をたっぷり入れれば
彩りもよく、栄養も満点

ワンポイント

そうめんは硬めに茹でる。具材は、強火で手早く炒める。いりこでだしを取れば、なお美味（ニラといりこの油ぞうめん・P33参照）。

ニラやシイタケなど、旬の野菜を入れるとよい。

豚肉のしゃぶしゃぶ

軟らかくて甘みのある島豚は、
しゃぶしゃぶに最適です

ワンポイント

肉はなるべく薄くスライスされたものを選ぶ。火を通し過ぎない方がおいしい。

材料（4人分）

島豚肉しゃぶしゃぶ用	600g
ハクサイ	80g
ハンダマ	6枚
水菜	40g
ニンジン	¼本
エノキダケ	½パック
シイタケ	4枚
そうめん	1束
だし昆布(10㎝)	1枚
ポン酢	適量
ゴマだれ	適量
水	適量

作り方

①ハクサイ、水菜、ニンジン、ハンダマ、シイタケは適当な大きさに切る。
②エノキダケは根元を切り落とし、食べやすくほぐす。
③鍋に昆布と水を入れ、沸騰したら取り出す。
④具材にさっと火を通し、たれをつけて食べる。
※そうめんは乾麺のまま使う。

島豚冷しゃぶサラダ

たくさんの野菜と一緒にサラダ感覚で

材料（4人分）

島豚肉しゃぶしゃぶ用	200g
レタス	80g
ハンダマ	6枚
キュウリ	5枚
青ジソ	1枚
ミニトマト	2個
ゴマだれ	適量
氷	適量

作り方

①レタス、キュウリは適当な大きさに切る。
②①とハンダマ、青ジソを皿に盛る。
③しゃぶしゃぶ用の肉をさっと茹で、氷水にとって冷やす。(茶で茹でると、余分な脂や臭みがとれる)
④②の上に盛り付け、ゴマだれを添える。

ワンポイント

しゃぶしゃぶ肉は茹で過ぎないように。

塩豚

塩豚のあぶり焼き

うま味がたっぷりしみ込んだ塩豚は、
あぶるとまた格別

材料（4人分）

塩豚　200g
マスタードソース　適量

作り方

① 塩抜きした塩豚は5㎜程にスライスし、火であぶる(できれば炭火で)。
② 皿に盛り、マスタードソースをかける。

ワンポイント

豚の塊肉(三枚肉)に粗塩をたっぷりもみこみ、一晩冷蔵庫に入れると家庭でも簡単に塩豚ができる。塩かげんにもよるが、塩抜きは、薄い塩水につけるか、ゆでこぼしを2～3回繰り返す。

茹で豚のボリート

肉を塊のままスープで茹でるボリートというイタリアの郷土料理を奄美風にアレンジ

ワンポイント

茹でるとき沸騰させない。じっくりと煮込むことにより独特の軟らかさが生まれる。

材料（4人分）

黒豚の三枚肉（1・5kg）、奄美の自然塩（50g）、ローリエ（2枚）、ローズマリー（3枚）、オリーブオイル（50g）、キュウリ（2本）、タマネギ（1個）、赤・黄パプリカ（各1個）、水菜（20g）、ハンダマ（20g）、パセリ（3本）、レモンの搾り汁（少々）、塩・コショウ（少々）

作り方

①豚の三枚肉の表面を、フライパンで焼き、軽く下茹でする。
②再度鍋に①を入れ、ヒタヒタの水を張る。
③ローリエ、ローズマリー、パセリの茎を入れ火にかける。
⑤沸騰させないように注意をして、約85℃の温度でじっくり煮る。
⑥1時間ぐらい煮たら塩・コショウを入れて、同じように2時間ほど煮込む。
⑦煮込んでいる間にキュウリ、タマネギをみじん切りにし、軽く塩もみしておく。
⑧赤・黄パプリカもみじん切りにする。
⑨⑦をよく搾り、⑧と合わせ、オリーブオイル、レモン汁、塩・コショウで味を調える。
⑩⑥の肉を鍋から取り出し、適当な大きさに切る。
⑪深めの皿に水菜、ハンダマを盛り、茹でた肉を盛り付ける。
⑫⑨で作った薬味（サルサベルデ）をのせる。

塩豚のカルボナーラ

ボリュームたっぷりの
塩豚入りカルボナーラ

材料(4人分)

パスタ　320g
塩豚　120g
生クリーム　120cc
卵黄　4個分
粉チーズ　80g
塩・コショウ　適量
黒コショウ　少々
ガーリックオイル　適量
パセリ　少々

作り方

① パスタは薄い塩水でアルデンテに茹でる。
② 卵黄、生クリーム、粉チーズをまぜておく。
③ フライパンにガーリックオイルを入れ、軽く塩抜きした塩豚の角切りを表面が焦げるくらい炒める。
④ ③に①のパスタを入れ、塩・コショウで味を調える。
⑤ ④に②を入れ、素早く火を止め絡める。
⑥ 皿に盛り、黒コショウ、パセリのみじん切りを振る。

ワンポイント

ソースを入れ火を止めて絡めると、トロトロに仕上がる。ここで火を入れ過ぎないこと。

材料(4人分)

黒豚ロース肉(120g×4枚)、塩・コショウ(少々)、ニンニク(スライスしたものを1片)、オリーブオイル(適量)、きび酢(大さじ6　バルサミコ酢や他の酢でも可)、黒砂糖粉(大さじ2)、濃口醤油(大さじ2)
〈付け合わせ〉
ベビーリーフ、クレソン、レタス、ハンダマ、ミニトマトなど

作り方

① フライパンにオリーブオイルをひき、スライスしたニンニクを入れて炒める。
② 豚肉は筋を切り、塩・コショウをしてからソテーにする。
③ きび酢と黒糖、醤油を小鍋に入れて煮詰める。
④ ③のソース半量を敷いた皿に野菜を盛り付け、②を盛り、残りのソースをかける。

黒豚肉のソテー（きび酢風味）

甘酸っぱい黒糖ソースが
新鮮な風味に

ワンポイント

きび酢がないときは、黒酢やバルサミコ酢、ほかの酢でもよい。

内臓

葉ニンニクとモツの煮込み

モツ(内臓)は野菜と一緒にじっくり煮込んで、
アツアツのうちに

豚肉料理

ワンポイント

葉ニンニクは出来上がる直前に入れる。

材料(4人分)

豚モツ肉(５００ｇ)、長ネギ(½本)、葉ニンニク(１００ｇ)、ダイコン(¼本)、ニンジン(1本)、コンニャク(1枚)、厚揚げ(2枚)、ショウガ(1片)、かつお節だし汁 または水(１・５ℓ)、白味噌(１００ｇ)、赤味噌(50ｇ)、酒(½カップ)、砂糖(大さじ1)、みりん(大さじ1)、油(大さじ1)

作り方

① 豚モツ肉は3回茹でこぼし、流水できれいに洗い、ザルにあげておく。

② 再び鍋に水を入れ、モツ肉とネギとショウガを入れ、一時間ほど茹でる。

③ ②にかつお節だし汁(１・５ℓ)と酒を入れて、アクをきれいに取りながら20分ほど煮込む。

④ 葉ニンニクは洗ってから、3㎝の長さに。ダイコン、ニンジンは皮を剥いて2~3㎝の厚さのイチョウ切りに。コンニャクは1㎝の角切りに。厚揚げは油抜きをして、1㎝角に切っておく。

⑤ 鍋にコンニャク、ダイコン、ニンジンを入れて、20分ほど煮る。

⑥ ⑤に味噌、砂糖、みりんを加えて10分ほど煮る。

⑦ 厚揚げを入れて、最後に葉ニンニクを加え、火が通ったら出来上がり。

レバーの味噌漬け

鉄分たっぷりのレバーは、味噌漬けにすれば臭みも気になりません

材料(5人分)

豚レバー	300g
ハンダマ	20g
水菜	20g
ミニトマト	4個
〈漬け込み味噌〉	
粒味噌	1kg

作り方

① 豚レバーを漬け込みやすい大きさに切り分け、茹でる。
② 一度茹で汁を捨て、再度火が通るまで(約15分間)湯がいて冷ます。
③ レバーの水気をよく取る。
④ 漬け込み味噌にレバーを漬け込み、冷蔵庫で寝かせる。
⑤ 4~5日したら味もなじみ、おいしくなる。

ワンポイント

レバーは湯がき過ぎると、漬け込んだ後にボロボロに崩れやすくなるので要注意。また、味噌も漬け込み過ぎると塩辛くなるので注意する。

奄美フォアグラのカナッペ

レバーの味噌漬けから、お洒落なカナッペが作れます

材料(5人分)

レバーの味噌漬け(60g)、生クリーム(20cc)、バター(少々)、レモン汁(少々)、塩・コショウ(少々)、フランスパン(5切れ)、パセリ(少々)、バージン・オリーブオイル(少々)、レッドペッパー(適量)

作り方

① レバーの味噌漬けを裏ごしにする。
② ①を鍋に入れて弱火にかけ、バターを加えながら生クリームを少しずつ加え、よく練り込む。
③ 塩・コショウ、レモン汁を加え、さらに練り込む。
④ 硬さを生クリームで調整しながら滑らかにする。
⑤ フランスパンをトーストする。
⑥ パンに④のレバーペーストを塗り、みじん切りにしたパセリをのせ、オリーブオイルをかける。好みでレッドペッパーをのせる。

ワンポイント

硬さは好みで調整する。冷蔵庫で2~3日は保存できる。

豚足 豚足の甘辛煮

コラーゲンたっぷりの豚足。じっくり煮込めば、骨からほろっとはずれます。黒糖の風味でコクとまろやかさが

材料（4人分）

豚足	12本
濃口醤油	1カップ
みりん	1カップ
焼酎	1カップ
黒砂糖（粉）	大さじ2
ショウガ	少々

作り方

①豚足は茹でこぼしを3回ぐらいした後、2時間ぐらい下茹でする。蓋をしたまま鍋の中で冷ます

②鍋に①を入れ、ヒタヒタになるくらいの水を入れ沸騰させる。

③沸騰したら、醤油、みりん、黒糖、焼酎、薄切りしたショウガを加え、弱火で30分煮込む。

※甘さは黒糖で調整する。

ワンポイント

大切なのは、「手間暇(ティアブラ)」をかけること。下茹でがしっかりできていれば、トロトロの豚足料理ができあがる。

豚足の空揚げ

外側はパリパリ、内側はジューシーに。
大人も子供も大好きな空揚げです

材料（4人分）

豚足	8本
レモン	½個
塩・コショウ	少々
かたくり粉	適量
パセリ	少々
揚げ油	適量

作り方

① 豚足は茹でこぼしを3回ぐらいした後、2時間ぐらい下茹でしておく。蓋をしたまま冷ます。

② 下茹でした豚足の水気を切り、塩・コショウをする。

③ かたくり粉をまぶして170℃の油で揚げる。

④ くし形に切ったレモンとパセリを添える。

豚足のニンニク醤油焼き

香ばしいニンニクの香りが食欲をアップ。
お酒もすすみます

材料（4人分）

豚足	8本
濃口醤油	1カップ
みりん	1カップ
酒	1カップ
おろしニンニク	50g
ハンダマ	20g
サニーレタス	20g
ミニトマト	4個
マヨネーズ	適量

作り方

①豚足は、茹でこぼしを3回ぐらいした後、2時間ぐらい下茹でをしておく。
②醤油、みりん、酒、おろしニンニクを合わせて鍋で沸騰させ、ニンニク醤油を作っておく。
③②に①の豚足を浸けておく。
④ニンニク醤油に浸けて焼くを数回繰り返す。

ワンポイント

下茹でをしっかりすると、豚足が軟らかくなる。

酒・飲料

奄美群島には、この島々だけで製造が許可されているサトウキビから造った黒糖焼酎がある。また、ミキと呼ばれる発酵飲料や、タンカンやパッションフルーツなどを利用したジュース、果実酒なども作られている。

ミキ

ミキは米とサツマイモなどから作られる発酵飲料で琉球統治時代から、ノロ(集落全体の平和と繁栄を祈願してきた女性祭祀者)の祭事には欠かせない供え物だった。

現代でも冷蔵庫がない時代は清涼飲料として各家庭で作られ、離乳食や夏バテ防止に愛飲されてきた。最近では、砂糖などを入れて飲みやすくしたパック入りが市販されている。

材料

米粉	500g
水	1・4ℓ
サツマイモ(なるべく色が白いもの)	100g
白砂糖	100g

作り方

① 大きな鍋に湯をわかし、その中に米粉を少しずつ入れてよくかきまぜていく。米粉が溶けたら砂糖を入れて15～20分間、加熱しながらかきまぜる。

② サツマイモをすりおろし、搾り汁をとっておく。

③ ①の鍋を30℃くらいに冷まし、サツマイモの搾り汁を入れてまぜる。

④ 壺やパックなどに入れ、蓋をして冷暗所におく。夏は一晩、冬は二～三晩おく。途中、木べらでかきまぜる。

ワンポイント

サツマイモの汁を入れるのは、よく冷ましてから。

パック詰めされた市販のミキ

ミキ作り（大鍋に砂糖と米粉を少しずつ入れて、よくかきまぜる／奄美市名瀬大熊）

ノロ祭祀に、ミキは欠かせない供え物だ。

ミキ入り杏仁豆腐黒蜜かけ

材料（4人分）

牛乳　100cc
ミキ　100cc
水　100cc
コンデンスミルク　大さじ2
粉ゼラチン　5g
グラニュー糖　30g
ライチリキュール　少々
黒糖蜜　少々
ミントの葉　適量
クコの実　4個

作り方

① 粉ゼラチン5gを20ccの水でふやかしておく。
② ボウルに牛乳、ミキ、水80cc、コンデンスミルク、グラニュー糖を入れ、よくかきまぜて溶かす（ボウルは湯煎にかけるといい）。
③ ②に①のゼラチンを入れ溶かし、さらにライチリキュールを入れて型に流し、冷蔵庫で固める。
④ 器に盛り付け、黒糖蜜をかける。

ワンポイント

トッピングにミントの葉やクコの実を添えたり、ココアパウダーやインスタントコーヒーの粉をかけてもきれい。

パッションジュース

パッション、スモモ、ダンカンジュース

材料

パッションフルーツ（5kg／約2ℓ位の果汁がとれる）、砂糖（1・2kg）

作り方

① パッションフルーツはきれいに洗って縦2つに割り、中身を種ごとスプーンでかき出す。
② ①をミキサーにかけた後、布きんで漉《こ》す。
③ ②を鍋に入れ、砂糖を入れて加熱する（85℃で5分間）。
④ 消毒した瓶などに③を注ぎ入れ密封する。
⑤ 粗熱を取ったら、水につけて冷ます。
⑥ 冷暗所で保存する。

スモモジュース

材料

熟したスモモ（1kg）、砂糖（200g～400g／甘さは好みで）

作り方

① スモモはきれいに洗い、水気をとって、ナイフで粗く切るか、切り目を入れる。
② きれいに洗って水気をふいた広口瓶に①を入れ、砂糖を入れる。冷暗所におく。
③ 2～3日おき、果汁が出てきたら実を取り出す。（実は、ジャム用にする）
④ ③を鍋に入れ、85℃で5分ほど加熱してアクを取り、冷ます。瓶に入れて冷蔵庫で保存する。

モヒート風黒糖酎ハイ

ヘミングウェイも愛したというラム酒で作るキューバのカクテル、モヒート。黒糖焼酎でアレンジすれば、奄美風カクテルの出来上がり

材料(4人分)

シークヮーサー　2個
ブラウンシュガー　大さじ1
ミントの葉　ひとつかみ
黒糖焼酎　大さじ2
クラッシュアイス　適量

作り方

① グラスに4分割にしたシークヮーサー、ブラウンシュガー、ミントの葉を入れ、溶かしながらミント、シークヮーサーをつぶす。

② つぶしたシークヮーサーを取り出し、クラッシュアイス、黒糖焼酎を注ぎよくまぜる。

スモモ酒

甘い香りのスモモ酒は、食前酒にも

材料

スモモ	1kg
黒糖焼酎(30度)	1・8ℓ
氷砂糖	400g

作り方

①スモモをよく洗い、水気を拭き取る。つまようじで数カ所穴を開けていく。

②殺菌した保存瓶に①と焼酎、氷砂糖の順で入れる。

③密閉し、1カ月ほどしたらよくかきまぜる。半年したら果実は取り出す。

ワンポイント

スモモは、あまり熟れていないものがよい。スモモにつまようじで穴を開けると、色がきれいに出て漬かりが早い。

ミキとスモモ酒

材料(1人分)

ミキ	60cc
スモモ酒(市販のものでも可)	10cc

作り方

グラスにミキ(P.138参照)を入れ、スモモ酒を注ぎ入れる。

パッションン酒

甘酸っぱいパッションフルーツに、黒糖焼酎を注ぎ入れて

材料

パッションフルーツ	4個
黒糖焼酎	適量
クラッシュアイス	少々

作り方

① パッションフルーツ、黒糖焼酎は冷やしておく。
② パッションフルーツは上下を切り落とし、二つ割りする。
③ 切り口を上に向け、黒糖焼酎を適量注ぐ。
④ クラッシュアイスを少し加える。
⑤ スプーンですくって食べる。

ワンポイント

パッションフルーツは上下を薄く切ると座りがいい。黒糖焼酎は、度数が高いものがいい。

ミキとスモモ酒のコントラストが美しく、食卓が華やかに

ワンポイント

子供や、アルコールの弱い方はスモモジュース（濃縮）で代用できる。

しい果実たち

和名／バンジロウ

グァバ(バラ科)

熱帯アメリカ原産。ビタミンC(ミカンの7～8倍)とビタミンAやカリウムを多く含む。果肉は白とピンク色があり、芳香に富む。

和名／クダモノトケイソウ

パッションフルーツ(トケイソウ科)

ブラジル南部原産で、奄美地方では年2回の収穫。時計草とも呼ばれ、多数の種子を包むゼリー状の果肉は、多汁で甘酸っぱく、芳香に富む。外皮に少しシワができたころが食べごろ。

スモモ(バラ科)

奄美大島は日本一早いスモモの産地(台湾原産のガラリ種)。6月上旬に収穫され、奄美の初夏の味として、親しまれている。ビタミン類は少ないがペクチンの含有量が多い。

和名／ピタヤ

ドラゴンフルーツ(サボテン科)

中南米原産で、サボテン科。龍の鱗のような果皮に覆われているため、漢名は「龍果」。赤と白のゼリー状の果肉は軟らかく、黒いゴマ粒大の種子が点在。甘くさわやかな酸味がある。カリウム、マグネシウムが多い。

果実他

マンゴー(ウルシ科)

世界三大美果のひとつ。奄美では、ハウス栽培で7～8月に収穫。糖度が高く、味が濃いのが特徴。ビタミンCが比較的多いが、β-カロチンの量は果物の中でトップ。熟すほどにビタミンAが増す。

奄美のおい

ポンカン(ミカン科)

　むきやすく、甘くて香りがさわやかなミカン。亜熱帯性のかんきつ類でインド北東部原産。収穫期は11～1月。

ケラジミカン(ミカン科)

　喜界島特産。約200年前から喜界島花良治地区で、栽培が始まったとされる。肉質は柔軟多汁。特有な芳香と甘味、香気があり、酸味は少なく、苦みはない。種もほとんどない。ガン抑制効果が高い機能性成分の「ポリメトキシフラボノイド」が、比較的多く含まれる。特に酸味と香気が強い未成熟果は、果実酒や料理などに利用される。

(未成熟果)

和名／オガサワラバナナ

島バナナ(バショウ科)

　奄美地域では、古くからバナナが栽培されてきた。ちょっと小ぶりの島バナナは、風味と酸味があり、甘さが濃厚なのが特徴。皮に黒点がでたころが食べごろ。

タンカン(ミカン科)

　味、量ともに奄美が誇る代表的ミカン。中国広東省原産。果肉は甘さが濃厚で、軟らかく多汁。中の薄皮も軟らかいので、食感がよく､芳香も強い。収穫は2～3月。ポリフェノールが多く含まれ、抗酸化作用があるといわれている。生産量は鹿児島県が日本一で、奄美はその中のトップ。

スイカ(ウリ科)

　奄美市笠利町が主な産地。夏バテ防止、利尿、解毒、解熱に。

奄美の果実カレンダー

月／食材名	4月	5月	6月	7月	8月	9月	10月	11月	12月	1月	2月	3月
スモモ		■	■									
バンジロウ					■							
パッションフルーツ			■	■	■	■		■	■	■		
ドラゴンフルーツ				■	■	■	■					
マンゴー				■	■							
島バナナ				■	■	■	■	■				
スイカ				■	■							
ポンカン									■	■		
ケラジミカン(未成熟果)							■	■				
メロン									■			
タンカン											■	■

凡例
■ 旬の時期

南の島のマチュドニア

夏のパーティーに喜ばれる果物のデザート。
楽しい演出が、パーティを盛り上げてくれます

材料（10人分）

ドラゴンフルーツ	3個
パイナップル	1個
リンゴ	1個
ピンクグレープフルーツ	1個
マンゴー	1個
キウイフルーツ	2個
ブルーベリー	1パック
レモン	1個
白ワイン	750cc
オレンジキュラソー	30cc
グラニュー糖	50cc
ミントの葉	適量

作り方

① 白ワイン、グラニュー糖を鍋でひと煮立ちさせ、オレンジキュラソーを加える。
② フルーツを食べやすい大きさにカットし、レモンの搾り汁をからめておく。
③ ②に①を加え、冷蔵庫で寝かせておく。
④ 味がなじんだら、出来上がり。

ワンポイント

リキュールは好みのもので。
パイナップルをくり抜いて器にすると華やかになるので、パーティー等におすすめ。
子供用には、ワインの代わりにジュースを。

マンゴーアイス

濃厚なマンゴーの味と香りが凝縮

ワンポイント
マンゴーは、完熟果を選びましょう。

材料（4人分）

マンゴー（1個）、グラニュー糖（大さじ6）、卵黄（1個分）、レモン汁（大さじ1）、水（20cc）、生クリーム（100cc）、ミントの葉（適量）、ラズベリー（4個）

作り方

①マンゴーの果実を裏ごしして、水、レモン汁を入れて火にかけ、ピューレーにする。
②①に生クリームとグラニュー糖（大さじ3）を入れて泡立てる。木べらで溶きのばす。
③別の鍋に卵黄と、残りのグラニュー糖を入れ、白っぽくなるまでよくまぜる。
④③を漉し器で漉しながら、①と②をまぜあわせる。
⑤④をバットに流し、冷凍庫で冷やし固める。
⑥途中で何度かかきまぜ、空気を入れる。
⑦固まったら器に盛り、ラズベリーとミントを添えて出来上がり。

マンゴージュース&フラッペ

材料（2人分）

マンゴー（1個）、牛乳または豆乳（200cc）、氷、ミントの葉（適量）、ブルーベリーとラズベリー（適量）

作り方

①マンゴーは半分に切り皮をむき、ミキサーにかける。

ワンポイント

ミントなどを飾るとより鮮やかに。

② ①に牛乳(豆乳)を入れて、さらにミキサーでまぜる。
③ 器にかき氷を半分ぐらい盛り、②を30ccぐらいかける。
④ かき氷を、再度盛り上げ、氷を手で少し押さえ、形を整えて、残りの②をかける。
⑤ 残りのマンゴーと、ブルーベリーとラズベリーをトッピングする。

トロピカルフラッペ

島のフルーツで豪華なフラッペが

ワンポイント

練乳とガムシロップを入れずトロピカルジュースだけなら、さっぱりした味わいに。

材料(1人分)

マンゴー(1切れ)、パイナップル(1切れ)、ドラゴンフルーツ(1切れ)、島バナナ(1切れ)、スイカ(1切れ)、メロン(1切れ)、練乳(50cc)、ガムシロップ(25cc)、トロピカルジュース(マンゴー、パッション、スモモなど適量)、氷(適量)、ブルーベリーとラズベリー(各1個)、ミントの葉(適量)

作り方

① 練乳とガムシロップをまぜておく。
② 器にかき氷を半分ほど盛り上げて、①を30ccぐらいかけ、かき氷を再度盛り上げる。
③ 氷を少し押さえ、形を整えて再度①をかけ、好みのトロピカルジュースをかける。
④ フルーツを盛り付ける。

ケラジマーマレード＆スモモジャム

旬の果物は、ジャムにして保存。スモモはジュースやドライフルーツでも

ケラジマーマレード

材料

熟したケラジミカン(1kg)、島ざらめ(500g)、レモンの搾り汁(大さじ1)

作り方

①ケラジミカンを熱湯で30分ぐらい湯がき、アクを取る。
②皮と実に分け、皮は薄くむき細かく刻む。
③実は袋を取り、なるべく果肉だけにする。
④鍋に②、③、島ざらめを入れて、焦がさないように弱火でじっくり煮詰める。
⑤レモン汁を入れてできあがり。

ワンポイント

湯がくことでアクが取れる。タンカンでつくる場合は、皮を千切りにして。

スモモジャム

材料

完熟スモモ(1kg)、島ざらめ(500g)、レモンの搾り汁(大さじ1)

作り方

①スモモは洗って水気を切る。
②鍋に①と島ざらめを入れて、焦がさないようにヘラでまぜながら弱火でじっくり煮詰める。
④ジャム状になったら最後にレモン汁を入れまぜる。

ワンポイント

ヨーグルトなどにかけても美味。皮や種は、好みで取り除いてもよい。

ケラジミカンのジュレ

さわやかな香りとなめらかな舌触りのジュレは、女性に人気

材料（4人分）

ケラジミカン（未成熟果）の搾り汁	200cc
グラニュー糖	30g
粉ゼラチン	6g
水	30cc
レモンの搾り汁	少々
ケラジミカン皮のみじん切り	少々

作り方

① 水30ccに粉ゼラチン6gをふり入れ、ふやかしておく。
② 鍋にケラジミカンの搾り汁、グラニュー糖、残りの水、レモンの搾り汁に、ふやかした①を加え溶かす。
③ 冷蔵庫で冷やし固める。
④ ガラスの器に盛り、搾った後の外の皮をみじん切りにし、③にトッピングする。

ワンポイント

ケラジミカンは未成熟果が香りが強い。甘さは好みで加減して。

島バナナのシフォンケーキ

甘さと酸味のある島バナナを、ふんわりシフォンケーキに閉じ込めて

材料（直径20㎝のシフォン型1台分）

卵（L）4個、グラニュー糖（120g）、薄力粉（130g）、熟した島バナナ（裏ごし）100g、サラダ油（50cc）、スライスバナナ（8枚）、ベーキングパウダー（小さじ2）、レモンの搾り汁（少々）、生クリーム（適量）、ミントの葉（適量）、シナモンパウダー（適量）

作り方

①卵を卵黄、卵白に分けておく。

②ボウルに卵黄とグラニュー糖（50g）を入れ、泡立て器でまぜる。さらにサラダ油と、バナナの裏ごしをまぜる。

③薄力粉とベーキングパウダーをふるい、②を入れて泡立て器で生地が滑らかになるまでまぜ合わせる。

④別のボウルで卵白を泡立て、少し泡立ったところに残りのグラニュー糖（70g）を加え、角がしっかりと立つまで泡立てる。

⑤③のボウルに④を3回に分けて入れる。なるべく手早く、ふわっとまぜる。

⑥シフォン型に生地を流し入れる。

⑦型を2~3回トントンと軽く台に打ちつけ、空気を抜く。天板に乗せオーブン（165℃）で40分焼く。

⑧型を逆さにして冷まし、冷めたら型から外す。

⑨シフォンを落ち着かせたら泡立てた生クリームを塗り、デコレーションする。

⑩スライスしたバナナにレモン汁を塗り、トッピングする。

⑪ミントを飾りシナモンパウダーをふる。

ワンポイント

スライスバナナは、レモン汁を塗ると変色しない。

型に油脂を塗ると、冷ます途中で外れてしまうことがあるので、塗らないように。

タンカンのシフォンケーキ

奄美タンカンを使ったフルーティーなシフォンケーキ

ワンポイント

ケーキをカットする際はよく切れるナイフを熱湯で温めて、一気に切る。

材料（直径20㎝のシフォン型1台分）

卵（L）4個、グラニュー糖（１２０ｇ）、薄力粉（１３０ｇ）、タンカン果肉（１００ｇ）、タンカン皮（少々）、タンカンジュース（80cc）、サラダ油（50cc）、ベーキングパウダー（小さじ2）、生クリーム（適量）

作り方

①卵は、卵黄と卵白を分ける。

②ボウルに卵黄とグラニュー糖（50g）を入れ、泡立て器でまぜる。さらにサラダ油とタンカンジュースを加えてよくまぜる。みじん切りにした皮も加える。

③薄力粉とベーキングパウダーを②にふるい入れ、泡立て器で生地が滑らかになるまでまぜ合わせる。

④別のボウルで卵白を泡立て、少し泡立ったところに残りのグラニュー糖（70g）を加え、角がしっかりと立つまで泡立てる。

⑤③に④を3回に分けてまぜ入れるが、１回目はよくまぜ合わせ、２回目、３回目のメレンゲは白いところがなくなる程度に手早くふわっとまぜる。

⑥シフォン型に生地を流し入れる。

⑦型を2～3回トントンと台に打ちつけて空気を抜く。天板に乗せ、オーブン（１６５℃）で40分焼く。焼き上がったら、型を逆さにして冷ます。

⑧冷めたら型から取り出し、しばらくシフォンを落ち着かせたら、泡立てた生クリームを塗り、デコレーションする。

⑨タンカンの果肉をトッピングする

ヨモギ黒糖プリン

ヨモギ黒糖を洋菓子に。和と洋の意外なコラボです

材料(8~10)人分

ヨモギ黒糖	100g
グラニュー糖	25g
牛乳	600cc
生クリーム	100cc
卵	5個
上白糖	50g
水	30cc

作り方

① ヨモギ黒糖は粉状にしておく。
② ヨモギ黒糖、グラニュー糖、牛乳、生クリームは軽く火にかけ、まぜ合わせる(人肌ぐらいまで)。
③ ボウルに卵をほぐし、②を少しずつ回し入れる
④ ③を漉す。
⑤ 鍋に上白糖を入れ、水を加えて火にかける。
⑥ 鍋を回しながら、焦げ付かないようにする。
⑦ 色が付き始めたら少量の水を加えた後、火を止め、手早くかきまぜながらカラメルを作る。
⑧ プリン型にカラメルを小さじ1杯ぐらい入れ、④のプリン液をそっと入れる。
⑨ お湯を張ったバットにプリン型を並べ、オーブンで加熱(160℃で20分)
⑩ 途中バットの前後の向きを変え、140℃で10分~15分焼いて出来上がり。

ワンポイント

大きな耐熱皿で作ればパーティーにも。

沖縄風黒糖ぜんざい

暑い島ならではの冷たいぜんざい

材料(1人分)

黒糖シロップ	30cc
うずら豆(沖縄では金時豆)の甘煮	少々
氷	適量

作り方

① 豆はあらかじめ煮ておく。
② 器にかき氷を盛る。
③ 半分ぐらい盛ったら、黒糖シロップ(あるいは黒糖を湯で溶かす)を30ccぐらいかける。
④ 氷を再度盛り、氷の形を整えて再度黒糖シロップをかける。煮豆をトッピングする。

ワンポイント

黒糖シロップが濃厚なので、煮豆はあっさり味に仕上げたほうがおいしい。小豆でもよい。

付録

奄美の情熱情報誌「ホライゾン」掲載

達人たちのシマ料理

奄美大島(北部)のシマ料理

奄美大島北部には1609年の薩摩侵攻以来約260年にわたり、藩の役人が在住していました。そのためか、鶏飯をはじめ多種多彩な料理が生み出されてきました。佐仁集落(奄美市笠利町)では、豚飯、ナベオテレ、ホンダワラの含め煮、ナリカンなど自然の恵みを生かした多くのシマ料理が今でも伝承されています。

豚飯《ブタミシ》

奄美の情報誌「ホライゾン」Vol.19(2004)より

塩豚の炊き込みご飯である豚飯は、佐仁が発祥ともいわれるもてなし料理。年末に屠殺した豚は塩に漬けられ、3、4月ごろの塩加減がおいしかったという。豚の脂臭さはなく、だし汁はあっさりしている。

① 塩豚(三枚肉)を塩抜きし、一口大に切って、といだ米の上にのせ、普通に炊く。

② かつお節と昆布でだし汁をとり、薄口・濃口醤油、みりんで味を調え、かけ汁を作る。

③ 錦糸卵、シイタケ煮物の細切り、漬物(ダイコンの味噌漬け)、紅ショウガのみじん切り、小ネギと刻みノリを用意し、炊き上がったご飯にのせる。だし汁はご飯にかけてもよいし、そのまま別々によそってもよい。

協力/佐仁集落の皆さん

芋てんぷら

佐仁集落に古くからある料理で、芋と上餅粉で作る衣がミソ。びっくりするほど、モチモチしていておいしい。

① 煮たサツマイモをミキサーなどでドロドロにし、上餅粉をまぜて、てんぷらの衣にする。

② サツマイモを輪切りにして、衣をつけて中火でゆっくり揚げる。

ナベオテレ

昔、鍋でうどんを湯がいていた時、吹きこぼれそうになったので、早く「鍋オテレ、鍋オテレ(鍋を火からおろせという意味の佐仁地方の方言)」と言ったという。汁はすっかりなくなっていたが、味が染みておいしかったことから、料理名になったとか。平細の乾麺が、茹でやすく食べやすい。

① うどんは、湯がいておく。
② 鍋にいりこを入れ、水を入れてだしをとる(いりこは取り出してもそのままでも可)。
③ ②に薄口醤油と油を少々入れて茹でたうどんを加え、水分がなくなるまで弱火で少し煮込む。

魚の味噌漬け

晩酌の肴に最適。生の魚を味噌に漬ける食べ方は、佐仁地方独特の食べ方で、透明感が出た魚は見た目にも美しく、また美味だ。

① 白身魚(シイラ、イラブチ、ソージなど)を3枚におろし、塩をして水分をとりながら、2日間冷蔵庫で保存する。
② 粒味噌に漬け込み、10日ほどして味が染み込んでいたらＯＫ。

ホンダワラの含め煮

かつては奄美全域で採れたという海藻のホンダワラ(佐仁では「モ」と呼ぶ)は、今では見かけることは少なくなった。浅瀬で採ったホンダワラは茎の部分だけ残し、酢酸で軟らかくなるまで煮て、天日干しして保存。水で戻して使う。

① 干し帆立貝(ヒモ部分)を軟らかくなるまでゆがく。
② 粗く切ったコンニャクと水で戻したホンダワラを醤油、だし汁等で煮込む。

豚とアザミの煮物

鋭いとげを持つアザミの茎を料理に使うのは、笠利（佐仁、節田集落）独特の食べ方だといわれる。

①アザミは、トゲをナイフなどで切り取る。
②アザミの茎はアクが強いので、塩水で3日ほど水を取り替えながらアク抜きをする。
③いりこでだしをとり、薄口醤油と味噌、油を入れてとろ火で煮る。
④豚骨肉と炊き合わせると、うまみが増す。

協力／佐仁集落の皆さん

ナリカン

上餅粉、黒糖、ソテツの実（ナリ）の粉をまぜてこね、形を整えて蒸す。タンカンの果汁を入れてダイダイ色のナリカンにしたり、ヨモギを入れて緑色にするのも美しい。

フチテンプラ

タンカンナリカン

奄美大島(南部)のシマ料理

なだらかな奄美大島北部に比べ、南部は山深いのが特徴。イノシシ料理や、フワフワというモクズガニ料理(奄美市住用町)など、野趣あふれる郷土料理が多い。

▲イノシシ肉の塩焼き
協力／たつみ荘（宇検村）

イノシシ料理

イノシシ猟は、11月15日から翌年3月15日が猟期間。シシ肉は塩・コショウで味付けした焼きシシ肉のほか、イノシシスープ(骨付き肉と野菜を一緒に煮込む)も美味。葉ニンニクを入れると、臭みが気にならない。

豚肉とツワブキの煮物

豚のアバラ肉と、ツワブキを味噌で煮込む。さっぱりした塩味もおいしいが、味噌味もうまい。厚揚げを入れてもよい。

協力／和の夢（加計呂麻島）

三献料理

一の膳／いりことかつお節と昆布でだしを取り、塗り椀に白餅2切れと昆布1片入れる。

二の膳／白身魚かタコの刺し身2切れにショウガをのせて、醤油か酢醤油で。

三の膳／茹で卵、魚、エビ、干しシイタケ、葉ニンニク、かまぼこ、豚肉などの7種類を有田焼の小鉢に入れて、だし汁をかける。「シンカン」料理ともいう。

島唄者で、郷土料理店を営む 西和美さんのシマ料理

ウァンフィネ

① 前処理して冷凍しておいたツワブキと、フダンソウ(茎)は水から湯がく。切り干し大根は湯から茹でて水にさらす。

② 豚の骨肉(あばら、豚足、ヘラボネなど)はきれいに洗い、水から入れて強火で茹でこぼしておく。

③ 鍋に鶏ガラといりこをたっぷり入れて、②の豚骨肉と①の野菜を入れ、あくを取りながらやわらかくなるまで煮込む。

④ 昆布(野菜昆布)は最後に入れて煮込む。

⑤ 濃口醤油と、ほんだし調味料少々で味を付ける。(味付けに砂糖を少々加えてもよい)

油ぞうめん

① 三枚肉は塊のまま、塩をすり込んでおく。(1日寝かせるくらいがよい)

② ①を湯がいて少し厚めに切る。

③ そうめんは、たっぷりの湯で硬めに茹で、水洗いをしておく。

④ 中華鍋で肉、野菜(旬の野菜)を炒め、味を調える。

⑤ ④に③を入れ、葉ニンニクやニラを入れて手早く火を通し、薄口醤油で味を調える。

奄美の情報誌「ホライゾン」Vol. 5（1997）より

島料理愛好家

泉和子さんのシマ料理

茶うけ味噌

ワンポイント

ボウルに味噌と砂糖をまぜておく。かつお節は冷凍しておくと細かくほぐれやすい。

豚味噌

材料 豚の三枚肉・塊（３００ｇ）、粒味噌（２００ｇ）、三温糖（80ｇ）、かつお節（30ｇ）、炒って砕いた落花生粉（50ｇ）、サラダ油（適量）

作り方 ①味噌と三温糖をまぜておく。②三枚肉を軟らかくなるまで茹で、小口切りにする。③フライパンに油を熱して②を炒め、①とかつお節、落花生粉を弱火で炒めながらまぜ合わせる。

地豆《ジマメ》味噌

材料 落花生（殻なし３００ｇ）、粒味噌（２００ｇ）、かつお節（３００ｇ）、三温糖（80ｇ）、サラダ油（適量）

作り方 ①ボウルに、味噌と三温糖をまぜておく。②落花生がつかるくらいの油を入れ、芯に火が通るまで皮ごと弱火で揚げ、フライパンに取り出す。③かつお節を入れ弱火で炒め、①を加えて、からめるように炒める。

イカ味噌

材料 イカ／ソデイカなどの身（２００ｇ）、粒味噌（２００ｇ）、三温糖（１００ｇ）

作り方 ①イカは茹でて、蓋をして一晩おく。②一口大に切りフライパンで空炒りし、水分をとばす。（硬くなるが、焼くと香ばしい）③ボウルに②と粒味噌、砂糖を入れ、イカにからめるようにまぜ合わせる。

魚《イユ》（タコ・貝《ニャア》）味噌

材料 魚、貝、タコなど（２００ｇ）、ソテツの実入り粒味噌（２００ｇ）、三温糖（50ｇ）、サラダ油（小さじ1）

作り方 ①ボウルに、味噌と三温糖をまぜておく。②魚は焦げ目がつくまで焼いて骨を取り除き、身を好みの大きさにほぐす（油で揚げてもおいしい。タコや貝は茹でる）。③フライパンに油をひき、①を軽く炒め、②をまぜ合わせる。

奄美の情報誌「ホライゾン」Vol．1（1995）より

レーズン入りふくらかん

奄美の情報誌「ホライゾン」Vol.2(1995)より

材料(5人分) 黒砂糖粉(300g)、小麦粉(300g)、ソーダー(大さじ1)、卵(3個)、牛乳(250cc)、ハチミツ(大さじ3)、レーズン(適量)

作り方 ①蒸器に水をたっぷり入れ、火にかける。②黒糖の粉をふるう。③小麦粉とソーダーを合わせてふるう。④ボウルに卵を割ってかきまぜ、牛乳とハチミツを加えてまぜる。⑤④の材料に②を加えてかきまぜて溶かし、③を加えてよくまぜ合わせる。⑥ザルにクッキングペーパーを敷き、⑤を流し入れる。⑦沸騰した蒸器に⑥を入れ、レーズンを散らし、強火で40分間蒸す。⑧竹串で刺して、生地がつかなくなったらでき上がり。

ワンポイント 湯気が垂れないよう、蓋の裏に布巾を張っておくと、蒸し上がりがきれい。②と④をミキサーでまぜ、ボウルにうつして③を加えると簡単にできる。

舟焼き

材料(5人分) 上餅粉(200g)、小麦粉(50g)、黒砂糖粉(200g)、卵(2個)、はったい粉(50g)、水(300cc)、ベーキングパウダー(小さじ1)、サラダ油(適量)

作り方 ①黒糖粉、卵、水をミキサーにかける。②ボウルに上餅粉、はったい粉、小麦粉、ベーキングパウダーをふるい入れ、よくまぜ合わせる。③140℃に熱したホットプレート、またはフライパンに油をひき、②を流し入れる。④薄く丸く広げて、蓋をして焼く。⑤焼き面がカリッとしたら、取り出して端から巻く。⑤④を斜めに切る。(舟の形に似ているところから、この名が付いたといわれている)

ワンポイント 焼き面の色が変わるまで焼くと、巻いたときに濃淡が出てきれい。

黒糖ドーナッツ

材料(約60個分) 小麦粉(1kg)、ベーキングパウダー(40g)、黒砂糖粉(500g)、卵(M5個)、牛乳(100cc)、バター(40g)、バニラエッセンス(少々)、サラダ油(適量)

作り方 ①小麦粉とベーキングパウダーを合わせてふるう。②その他の材料を①にまぜて、耳たぶぐらいの硬さにする。③形は好みで丸くしたり、リング状などにして、中火でゆっくり揚げる。

奄美の情報誌「ホライゾン」Vol.19(2004)より

餅てんぷら

奄美の情報誌「ホライゾン」Vol.19(2004)より

材料(4人分)

餅米粉(400g)、サツマイモ(500g・中2本)、砂糖/島ざらめ(100g)、塩(小さじ½)、水(170cc、サツマイモのゆで加減により調節)、サラダ油(適量)

作り方

①サツマイモは皮をむき、乱切りにして水にさらす。②①を蒸し(または煮る)、つぶす。③②に餅米粉、砂糖、塩を加え、水を少しずつ加えながら耳たぶより硬めに練る。④③を好みの大きさに形を整え、低温の油でキツネ色になるまで揚げる。

※ジャガイモ、カボチャ、サトイモで作ってもおいしい。

ヒキャゲ

材料(5人分)

餅(300g)、サツマイモ(400g)、きな粉(30g)、水(600cc)

作り方

①サツマイモは洗って皮をむき、乱切りにして水を入れて煮る。②餅は細かくしておく。③①が軟らかくなったら、水分が残っているところへ②の餅を入れ、弱火にして焦がさないように気をつける。④火を止め、③をよく混ぜ合わせる。⑤皿に取り出し、きな粉をかけて温かいうちに食べる。

ムスコ(型菓子)

材料(約50個分)

米の煎り粉(500g)、黒糖粉(500g)、落花生粉(100g)、黒糖焼酎(大さじ2)、湯(60cc)、水あめ(大さじ1)

作り方

①湯で水あめを溶かし、黒糖焼酎を加えてから黒糖粉をまぜる。②煎り粉、落花生粉を加えながら、十分にしっとりするまでまぜ合わせる。③菓子型に②をしっかりと押しながら詰め、表面を平らにして裏返し、すりこぎ等でたたいて型から外す。

※落花生粉はカラ炒りして加えると香ばしい。

木製の菓子型

喜界島の郷土料理

奄美大島の東に浮かぶ小さな島。フィリピン海プレートの関係で、今でも年間約2㎜ずつ隆起を続ける世界的にも珍しい島で、ハブはいない。また、サンゴの石垣が多く、阿伝地区には現在でもほとんどが残る。アルカリ土壌のため、サトウキビや黒糖、ゴマ、ケラジミカン等の在来種の味がよい。またヤギ肉料理が多いのも特徴。

サンゴの石垣（中間）

■ケラジミカン酒

喜界島特産のケラジミカン(未成熟果)を、４つ切りや輪切りにして保存瓶に入れ、好みの分量の氷砂糖とともに、30度の黒糖焼酎(1.8ℓ)で漬ける。２週間ほどおいて実を取り出し、半年たてば出来上がり。強烈な芳香が焼酎とよくマッチする。氷を入れて食前酒にも。

（協力／幸陽苑）

■ゴマ製品

国内トップの生産量を誇る喜界島の白ゴマは、改良の手が加えられていない在来の品種なので、香りが強いのが特徴。ドレッシングや黒糖菓子などにも活用されている。

奄美の情報誌『ホライゾン』Vol.22(2005)より

■ヤギの飼育

山がない島のスタミナ源として、古くからヤギ肉料理は盛ん。裏庭や空き地で野草だけを餌に飼育され、その数は、沖縄・奄美でも群を抜く。

■カラジュウリ

ヤギ肉と内臓や血を野菜と一緒に炒めた伝統料理。味噌は隠し味。1841年に唐人の乗った船が難破し、小野津に漂着。その際地元の人々に親切にされたお礼として教えられたのが始まりともいわれる。唐料理が、カラジュウリになったとか。

（協力／居酒屋「みかる」）

■ヤギの刺し身

ヤギ肉は2～3日冷凍しておくと、特有の臭みは消える。ヤギ刺しは、焼酎ともよく合い美味。タマネギをたっぷり添えると、初めての人でも匂いを気にせず食べられる。

■ヤギ汁

とろ火で3時間じっくり煮込んで作るヤギ汁は、肉が骨からするりと外れるほど軟らかい。ヤギ肉と塩だけのさっぱりした味がうまい。匂いが気になる人には、味噌で味付けしたヤギ汁がお勧め。

（協力／磯の幸「だいせん」）

徳之島では闘牛大会が人気だ

徳之島の郷土料理

徳之島は奄美群島の中央に位置し、奄美大島の次に大きな島。闘牛が盛んで、島内7、8カ所にある闘牛場では年間13～15回ほど闘牛大会が開催されている。地豆やジャガイモなど地場産の農産物を生かした料理がある。

長寿世界一の島

徳之島ではこれまで長寿世界一を2人も輩出している。1人は泉重千代さん(伊仙町阿三出身・120歳で逝去)、もう1人は本郷かまとさん(伊仙町木之香出身・116歳で逝去)。2人とも地元でとれる野菜や魚、肉などを食べ、黒砂糖や黒糖焼酎が大好きだったという。

本郷かまとさん

地豆(落花生)

徳之島特産。生のまま料理に利用するほか、塩ゆでにして酒のつまみにも。

ジャガイモ「春一番」

徳之島で栽培されている赤土バレイショ。ほくほくして、煮くずれしないので、煮物に最適。

奄美の情報誌『ホライゾン』Vol.26(2006)より

協力／金見荘（徳之島町）

漁なぐさみ

漁から帰ってきた漁師が、捕ってきた魚介類を浜辺で大鍋に入れて煮て食べたのが始まりといわれる。ソテツの実を入れたナリ味噌で風味を付けるのが、うまさの秘訣だとか。

―徳島ムツ枝さんのシマ料理―

徳島ムツ枝さん（伊仙町）

地豆とツワの含め煮

アク抜きの下処理をしたツワブキと、皮付きのまま湯がいた落花生、小口に切った昆布、水でもどしたシイタケに黒糖焼酎、みりん、濃口醤油を各同量とサラダ油（適量）を入れて、汁気がなくなるまで煮込む。タケノコを入れてもおいしい。

地豆（落花生）のぐじる

生の地豆の皮をむき、ミキサーで砕く。脂をすくった豚骨のだし汁を入れ、味噌を入れて煮る。ダイコン葉やイモの葉を入れ椀に盛り、最後にアオサをのせる。

奄美の情報誌
『ホライゾン』Vol.24(2006)より

奄美群島の郷土料理

―徳島ムツ枝さんのシマ料理―

そら豆の味噌和え

徳之島特産のそら豆を湯がき、砂糖を入れた味噌と和える。

イモヅルと地豆の酢味噌和え

青ジソと酢をミキサーでまぜ、地豆をすり潰して味噌にまぜておく。若いイモのツルをさっと湯がき和える。

新田和枝さん
（天城町）

―新田和枝さんのシマ料理―

奄美の情報誌
『ホライゾン』Vol.27(2008)より

伊仙町食生活改善推進員の皆さん

―伊仙町食生活改善推進員のレシピ―

バレイショ餅

ジャガイモ(400g)は皮をむき、蒸すか茹でて潰す。砂糖(100g)、塩(小さじ½)を加えまぜる。上餅粉(200g)を入れ、耳たぶくらいの硬さになるまでこねる。硬い場合は、水か牛乳で調節。大きさを整え、160℃の油で揚げる。

ジャガイモの煮物

ジャガイモ(2kg)は皮をむき、適当な大きさに切って面取りをする。煮崩れを防ぐため油(大さじ5)で炒めて、だし汁(420cc)、黒糖(70g)、濃口醤油(大さじ2)、白だし(大さじ1)、みりん(大さじ3)を入れて煮込む。

青パパイヤと魚の南蛮漬け

キビナゴや赤ウルメなどの魚を油で揚げ、タマネギ、ワカメ、ニンジン、青パパイヤを切ったものと和え、砂糖(120g)、酢(200cc)、濃口醤油(200cc)を煮立てたものに漬けて味を染み込ませる。

ツワブキのサラダ

アク抜きしたツワブキ(200g)を4cmほどに切り、濃口醤油で下味を付ける。つきあげ(2枚)は油抜きして、ツワブキと同じ大きさに切る。ホールコーン(100g)と一緒にマヨネーズで和え、最後に炒りゴマをかける。

みそ豆

たっぷりの油(180℃)で落花生(500g)をからっと揚げる。茶うけ味噌(100~200g)に好みの量の砂糖(20~30g)をまぜ、揚げた豆を入れてからめる。

ニガウリサラダ

ニガウリ(2本)は縦に半分に切って種を取り、薄切りして塩もみする。タマネギ(1個)、キュウリ(1本)、ニンジン(½本)は千切りにして塩もみ。これらをさっと水洗いして、水切りし、塩とコショウで下味を付け、マヨネーズと白ゴマを入れて和える。

ジャガイモのたこ焼き風

ジャガイモ(400g)は茹でて水分をとばし、潰す。キャベツ(120g)、長ネギ(40g)、タコ(40g)、水で戻した乾燥ひじき(5g)は細かく刻み水気を切る。

塩(小さじ½弱)、上餅粉(40g)、いりこ(小さじ1)、スキムミルク(20g)を入れてよくこねて丸め、中温で揚げる。好みで炒りゴマ、青海苔、ソースをかける。

島の西側にある大山の山腹には、大小合わせて200～300の鍾乳洞があるといわれる。昇竜洞は、その中でも壮大なスケールを誇る。

沖永良部島の郷土料理

マドロスパイプの形をした隆起サンゴ礁の平坦な島だが見事な鍾乳洞や豪快な絶壁も見られ、変化に富んでいる。

花の島ともいわれるほど、花き栽培が盛ん。また、文化は琉球の影響が色濃く、伝統芸能や郷土料理にもそれが表れている。

タイモ畑

ムジ
（タイモの葉柄）

タイモ

赤土バレイショ
「春のささやき」

奄美の情報誌
『ホライゾン』Vol.27(2008)より

ムジのドレッシング和え

塩でもみ熱湯をかけてアク抜きしたムジは、水気を切ってごまドレッシングなどで和える。

ムジの油炒め

ムジは塩でもんでアク抜きし、豚肉やニラなどと炒めて塩・コショウなどで味付けする。

バレイショ餅

タイモの炒り煮

タイモを湯がき、一口大に切って塩を入れて炒める。白砂糖、濃口醤油、調味料を少々入れ、ニラを入れて炒める。白ゴマを振りかけて出来上がり。

タイモ軽かん

タイモで作る軽かんは、独特の風味ともちもちした食感。

皮をむいたタイモ(1.5kg)と、砂糖(1.3kg)、水(1.2ℓ)をミキサーにかける。泡立てた卵白(8個)に砂糖(200g)をまぜ、米粉(1.5kg)、ベーキングパウダー(小さじ3)を入れて、蒸し器で1時間蒸す。

タイモ餅

皮をむいてアク抜きしたタイモ(500g)を湯がく。湯がいたサツマイモ(250g)と黒糖粉(200g)を入れて、熱いうちによくこねる。形を整え、きな粉をまぶす。

◀知名町食生活改善推進委員・知名町生活研究グループ連絡協議会の皆さん

ー宮西ケイ子さんのシマ料理ー

あげそうめん

豚の三枚肉、タイモのムジなどを茹でたそうめんと炒めた沖永良部風油ぞうめん。シャキシャキしたムジの食感が食欲をそそる。

宮西ケイ子さん
(知名町)

鶏汁

骨付きの鶏肉でだしをとりながら、ダイコンやシイタケなどを入れて味噌汁仕立てにしたもの。鶏肉の脂と味噌が溶け合って美味。

沖永良部風正月料理

豚のあばら肉と、豆腐、ニンジン、昆布、タケノコなどの煮しめ。沖永良部島の豆腐は、沖縄と同じように固く締まっているので、炒め物や煮物に入れても形が崩れない。

石川サトイモの揚げ甘辛煮

サトイモは皮ごと茹でてから、さっと水に取り皮をむく。小麦粉と塩・こしょうをまぶし、揚げ油で揚げる。砂糖、濃口醤油、みりん等で煮て、揚げ立てに味をからませる。石川サトイモのつるっとした食感も楽しい。

ー松元ヨシ子さんのシマ料理ー

奄美の情報誌
『ホライゾン』Vol.21（2005）より

ゆきみし

沖永良部島だけで作られている伝統菓子。今でも結婚式や法事などの冠婚葬祭には欠かせない。

作り方 餅米粉3：米粉2を、水を少しずつ加えてまぜる。2～3時間おいて全体に水分が回ったら、細かく砕いた黒砂糖と白砂糖を入れてまぜる。生地を枠に流し入れて蒸す。

豆腐の味噌漬け

沖永良部島独特の漬物。固めの木綿豆腐を12～13回蒸し、味噌に2晩漬け、味噌床を変えてもう1晩漬ける。

松元ヨシ子さん（知名町）

ー知名町食生活推進員・同生活研究グループ連絡協議会のジャガイモアイデア料理ー

ジャガイモうどん

特産の赤土バレイショ「春のささやき」を活用したアイデアレシピ。

作り方 ジャガイモ（600g）は茹でて裏ごしし、塩（小さじ2）と強力粉（400g）を入れてよくこねる。めん棒で5㎜の厚さに延ばし、5㎜幅に切り（冷凍可）、熱湯で茹でる。

奄美の情報誌
『ホライゾン』Vol.27（2008）より

簡単ポテトピザ

おやつや、酒のつまみにもOKのアイデアレシピ。

作り方 蒸して薄い輪切りにしたジャガイモを、油をひいたフライパンに並べる。トマト、タマネギ、サラミ、ピザ用チーズなどをのせて、蓋をしてチーズが溶けるまで蒸し焼きにする。

干潮の時のみ浮かび上がる百合ケ浜

与論島の郷土料理

奄美群島最南端にある与論島は、サンゴ礁のリーフに囲まれた周囲約24kmの山や川がない平坦な島。沖縄本島までわずか23kmで、琉球文化の影響が強い。「東洋の海に浮かぶ1個の真珠」とも形容される美しい島だ。

与論十五夜踊り

1561(永禄4)年に与論島主が3人の息子を島内、琉球、大和に派遣して各地の芸能を一つにまとめたものといわれ、島中安穏、五穀豊穣を祈願するとともに、島民の慰安にもなっている。大和風・琉球風の2組の踊りで構成され、地主神社で年3回、旧暦3、8、10月の15日に開催。国指定重要無形民俗文化財。

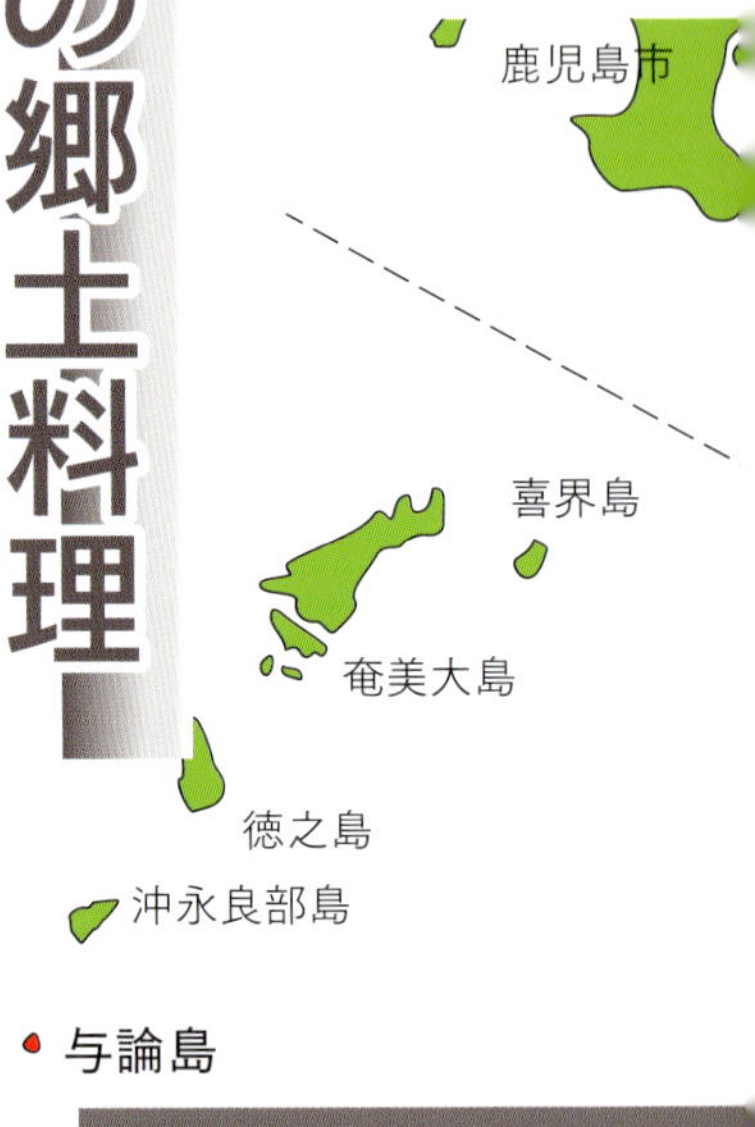

奄美の情報誌
『ホライゾン』Vol.10（1999）より

ゆし豆腐
与論の海水を入れて作る
昔ながらの豆腐

イチャガラン
イカスミの塩辛

ピャースー
冬瓜をくり抜き、魚介類などを
酢でしめて和えたもの

みじじまい
与論風炊き込みご飯。行事
などでもよく食べられる

ゆんぬ食文化同好会・鹿児島県
沖永良部農業改良普及所のみなさん

奄美群島の郷土料理

みしじまい（与論風炊き込みご飯）

材料（8〜10人分） うるち米（3カップ）、餅米（2カップ）、豚の三枚肉（200g）、干しシイタケ（6枚）、ニンジン（100g）、ゴボウ（50g）、ワケギ（適量）、濃口醤油（大さじ4）、酒（大さじ4）、油（大さじ1）、水（940cc）

作り方 ①米は洗って2時間以上水に浸けておく。②ゴボウはささがきにして水にさらす。肉、シイタケ、ニンジンは細かく切っておく。③鍋に水と調味料を入れ、ひと煮立ちさせる。④水を切った米に材料をまぜ合わせ強火で10分炊き、沸騰してきたら弱火にし蓋を取らずに15分蒸す。⑤炊き上がったら、小口切りのワケギをまぜる。

ピャースー（冬瓜の酢汁）

材料（5〜6人分） 冬瓜（小1/2個）、エラブチ（1匹）、タマネギ（1/2個）、ニンジン（少々）、赤唐辛子（適量）、酢（適量）、薄口醤油（少々）

作り方 ①エラブチはうろこを取って三枚におろし、ふきんをかぶせて湯をかけて冷水でしめておく。②冬瓜を縦半分に切り、大きなスプーンで種と果肉をかき出しておく。③①を薄切りにし、塩でもみ、酢をたっぷりかけて醤油で味を調える。④タマネギは薄切り、ニンジンは千切りにし、塩をふってしんなりさせておく。⑤冬瓜の器の中に、②の冬瓜の果肉と他の具を入れてまぜ、色味として輪切りにした赤唐辛子を上にのせる。

イチャガラシ（イカスミの塩辛）

材料 新鮮なイカ、イカのスミと内臓（ワタ）、塩（イカの10％程度）、赤唐辛子（少々）、酢（適量）、イモの葉（適量）

作り方 ①イカは縦に包丁を入れ、中のスミ袋とワタを傷つけないよう取り出す。②イカはよく洗い、細く切っておく。③②とスミ、ワタを一緒にまぜ、真っ黒く艶が出るまでもみ込む。④輪切りにした赤唐辛子、塩を適量入れ味を調える。⑤食べる直前に湯がいて水気を切ったイモの葉と酢を入れて和える。

ゆし豆腐（海水でつくる豆腐）

材料（10人分） 大豆（2カップ）、水（10カップ）、海水（適量）

作り方 ①大豆は夏は5時間（冬は10時間）、豆の3倍量の水（分量外）に浸しておく。②ミキサーに水と①を入れて撹拌し、ふきんで漉す。③②で搾り出した豆乳を鍋に入れ、火にかける。④沸騰したら泡はすくい取り、差し水をして火を弱める。⑤海水を少量ずつ入れ、固まり始めたら火を止める。⑥味噌汁仕立てにしていただく。

沖 範子さん（右）と著者

トゥンガーモンキャー

与論島には旧暦の八月十五日の夕刻、神の使いともいわれる子供たちが各家庭を回り、お供物を頂いて行くトゥンガーモンキャーという行事がある。昭和40年代ごろまでは、こっそり盗む無礼講だった。餅のつくり方は、餅粉をこね、硬めに茹でた小豆をくっつけて形を整える。白餅は親、豆は子や孫を表し、子孫繁栄を意味するという。

供えられた餅　協力／沖範子さん

奄美の情報誌『ホライゾン』Vol.23(2006)より

①トビウオの空揚げ
（与論でよく捕れるトビウオはヒレを広げて、からっと揚げるのがコツ）

②トビウオの刺し身
（肉厚でプリプリしたトビウオの刺し身。家庭では、酢醤油で食べる）

③ウンバームィ汁（ムラサキウニでだしをとった与論独特の汁物）

④サザエの塩焼き

（協力／島の味 八郎）

モズクそば

若モズクをソバに練り込んだモズクそばは、与論島の特産品。

（協力／レストラン「蒼い珊瑚礁」）

イュウガマ豆腐

イュウガマとは、アイゴの稚魚のこと。旧暦六月ごろ大群をなして海岸に寄ってくるのを共同で捕り、塩辛にする。島豆腐にのせて食べると、塩気が豆腐で緩和されて美味。

●そら豆加工食品等
喜界島産品開発
大島郡喜界町羽里 63
TEL：65-0863

徳之島

＜調味料／嗜好品など＞

●塩・黒糖
あまぎ食品
大島町天城町天城 5-2
TEL：85-3298　FAX：85-4905

●春ウコン
南西農産
大島郡天城町瀬滝 1412
TEL：85-4784　FAX：85-4648

＜黒糖・各加工食品等＞

●果物・加工食品等（たんかん、マンゴー）
宝果樹園
大島郡天城町天城 644-1
TEL：85-4159

●野菜加工食品・黒糖等
松原農産加工組合
大島郡天城町大字松原 484-1
TEL：85-4647

●野菜加工食品等
かあさんの店 みどりや
大島郡天城町岡前 1511-1
TEL：85-3470（FAX 兼用）

●果物・加工食品等（グァバ）
芳果園
大島郡伊仙町面縄 1974-4
TEL：86-2241

●野菜加工食品等
徳之島町農産物処理加工センター
大島郡徳之島町母間 4441
TEL：84-0133

●果物加工食品等（たんかん）
徳之島町商工女性部特産品開発グループ
萬寿果
大島郡徳之島町母間 11-786
TEL：84-0135　FAX：83-0739

●果物加工食品（島みかん）
ダイキチ食品園芸
大島郡徳之島町轟木 665
TEL：84-1009（FAX 兼用）

●総合販売サイト
直売所「百菜」
大島郡伊仙町伊仙 2311
TEL：86-2793　FAX：86-3886

●果物加工食品
福留果樹園
大島郡伊仙町伊仙 480
TEL：86-3074　FAX：86-3086

沖永良部島・和泊町

＜調味料／嗜好品など＞

●さとうきび酢
宗屋(株)
鹿児島市名山町 2 番 11 号
TEL：099-223-5905
FAX：099-223-3531

＜お菓子・黒糖・加工食品等＞

●豆腐の味噌漬け・黒糖菓子
青幻の郷　よっちゃん
大島郡知名町屋者 107-4
TEL：93-0768

●ぶしゅかん漬け・野菜加工食品等
南国太陽農産(有)
大島郡知名町余多 785-2
TEL：93-4065　FAX：93-3734

●お菓子（ゆきみし等）
清水製菓
大島郡知名町知名 313-2
TEL：93-2112

●お菓子（桑葉）
奄美製菓
大島郡知名町知名 312-7
TEL：93-2168

●総合販売サイト
えらぶよいよいドットコム
大島郡和泊町和泊 135
TEL：81-4722　FAX：92-3092

●総合販売サイト
えらぶ堂
大島郡和泊町和泊 576-7
TEL：92-3754　FAX：92-3836

与論島

＜調味料／嗜好品など＞

●総合販売サイト
株式会社ヨロン島
大島郡与論町古里 64-1
TEL：97-3599　FAX：97-5026

●酢・砂糖・薬草等
ヨロン島自然薬草本舗
大島郡与論町茶花 25-2-1F
TEL：97-5124（FAX 兼用）

●きび酢
よろん島きび酢
大島郡与論町茶花 2416
TEL：0120-305-460
FAX：099-254-6063

＜生鮮品ほか＞

●果物
原農園熱帯果樹マンゴー園
大島郡与論町立長 945
TEL：97-5040　FAX：97-4860

●果物
(有)シャロン農園
大島郡与論町茶花 1994-1
TEL：97-3544（FAX 兼用）

●総合販売サイト
与論まるごとショッピング（楽園企画）
大島郡与論町茶花 241-11
TEL：97-3261

奄美群島の食材・各加工品の主なお取り寄せ店一覧（市外局番／0997）

奄美大島

＜調味料／嗜好品など＞

●味噌・醤油
㈱ヤマア
奄美市名瀬小俣町 18-5
TEL：52-0149　FAX：52-6535

●醤油
あたりや醤油店営業所
奄美市名瀬伊津部町 20-7
TEL：52-0478　FAX：52-0667

●味噌
㈲ホートク
奄美市名瀬永田町 10-23
TEL：52-0148（FAX 兼用）

●塩
㈱ばしゃ山
奄美市笠利町用安 1246-1
TEL：63-1178　FAX：63-1868

●塩
加計呂麻自然海塩工房
大島郡瀬戸内町徳浜 1400
TEL：76-0523　FAX：73-2038

●黒糖焼酎
鹿児島県酒造組合奄美支部
奄美市名瀬港町 15-1
TEL：52-0611　FAX：52-0615

＜生鮮品ほか＞

●総合（野菜・果物・肉・魚他）
生鮮市場さと
奄美市笠利町里 50-2
TEL：63-0142　FAX：63-0155

●総合（野菜・果物・肉・魚他）
ま～さん市場
大島郡龍郷町大勝松原 6-1
TEL：55-4855　FAX：55-4856

●野菜・果物
あ・うんマーケット
大島郡龍郷町戸口 784-1
TEL：62-5424

●野菜
グループあいかな
大島郡龍郷町龍郷 177-4
TEL：55-4020（FAX 兼用）

●野菜・果物
ＪＡ奄美大島事業本部名瀬支所
奄美市名瀬小浜町 19-2
TEL：53-3000　FAX：52-1238

●総合（野菜・果物他）
㈾@やっちゃば
奄美市名瀬金久町 9-2
TEL：53-3421　FAX：57-0025

●野菜・果物
奄美市農産物直売所「ゆてぃもれ」
奄美市名瀬浜里町 167-2
TEL：54-1108（FAX 兼用）

●総合販売サイト
瀬戸内町特産品販売組合「ゆりどろ」
大島郡瀬戸内町古仁屋船津 31
せとうち物産館内
TEL：73-1320

●魚貝類
㈱前川水産
奄美市名瀬港町 6-16
TEL：52-1022　FAX：53-1522

●鶏肉（鶏飯用「あまみ赤鶏」）
南養鶏直売店
奄美市名瀬矢之脇町 10-3
TEL：52-8586

●肉・各種（黒豚や豚加工品）
ミートショップ重田
奄美市名瀬永田町 11-11
TEL：52-6799

●肉・各種（奄美島豚）
奄美ミート㈲
奄美市名瀬仲勝 663-2-1F
TEL：52-8604　FAX：53-4780

＜黒糖・各加工食品等＞

●野菜・果物・黒糖加工食品
味の郷かさり
奄美市笠利町和野 1352-1
TEL：63-0771（FAX 兼用）

●野菜・果物加工食品・味噌等
島育ち館
大島郡龍郷町浦 1066 番地 3 号
TEL：62-3931　FAX：62-3941

●果物加工食品
奄美市住用地域特産物販売所サン奄美
奄美市住用町摺勝 555-13
TEL：69-5033（FAX 兼用）

●果物・果物加工食品
奄美太陽いっぱい
大島郡大和村志戸勘 386 番地
TEL：52-6416

●かぼちゃ加工食品等
かあさんの店かけろま
大島郡瀬戸内町古仁屋大湊下間原
TEL：72-3133

●菓子
㈱タイセイ観光
奄美市名瀬長浜町 21-11
TEL：53-5554　FAX：53-1555

●洋菓子
奄美きょら海工房
奄美市笠利町用安フンニャト 1254-1
TEL：63-2208

＜菓子材料＞

●型菓子（木型）
加根万商店
奄美市名瀬末広町 10-3-104
TEL：52-0933

●型菓子
小宿商店（炒り粉）
奄美市名瀬小宿 74-1
TEL：54-8004　FAX：54-8623

喜界島

＜調味料／嗜好品など＞

●ゴマ・調味料他
結いブループ喜界
大島郡喜界町大字湾 1298
TEL：65-0958

＜お菓子・黒糖・加工食品等＞

●黒糖等
喜界島おみやげセンター
大島郡喜界町湾 446-13
TEL：65-3211　FAX：65-3214

●黒糖等
㈲岩田商店
大島郡喜界町湾 60-6
TEL：65-0065　FAX：65-3567

●黒糖等
㈲山口製菓
大島郡喜界町塩道 1504-3
TEL：66-0028　FAX：66-0010

参考文献

「調理」　鹿児島調理研究会／徳田・小住・福司山（南日本新聞開発センター）
「果物・種実」　河野友美編（真珠書院）　１９９１年
「野菜・藻類」　河野友美編（真珠書院）　１９９２年
「肉・乳・卵」　河野友美編（真珠書院）　１９９９年
「食品成分表　五訂」　（女子栄養大学出版部）
「調理と理論」　松本文子監修（同文書院）

「沖縄野菜の本」　西大八重子著（ビブロス）　２００２年
「シマヌジュウリ」　藤井つゆ著（道の島社）　１９８０年
「根も葉もあってみになる本」　（南日本新聞社）　２００１年
「家庭で楽しむ薬膳薬酒」　謝　敏琪著（金園社）　１９９８年
「おいしいたのしい喜界島」（喜界町保健福祉課すこやかセンター）　２００９年
「かさりの味」　（名瀬農業改良普及所）　１９８６年
「龍郷の味ごよみ」（龍郷町生活改善グループ連絡研究会／龍郷町）　１９８９年
「地場産食材の料理レシピ集」（大和村保健福祉課／大和村食生活改善推進員）　２００８年
「伊仙町の食を育むレシピ集」　（伊仙町保健福祉課）　２００７年
「ヨロン　ふるさとの味」（ゆんぬ食・農同好会）　２００１年
「あまみ長寿食材活用レシピ集」（鹿児島県保健福祉部健康増進課）　２００６年

「奄美長寿食材健康づくりガイド」（奄美市役所健康増進課）　２００８年
「奄美　食（うまいもの）紀行」　蔵満逸司著（南方新社）　２００５年
「奄美群島の概況」　鹿児島県大島支庁総務企画課　２００７年
「南島雑話」　名越左源太著（平凡社）　１９８４年
「奄美生活誌」　恵原義盛著（木耳社）　１９７３年
「改訂名瀬市誌」　改訂名瀬市誌編纂委員会（名瀬市役所）　１９９６年
「龍郷町誌　民俗編」　龍郷町誌民俗編編さん委員会（龍郷町）　１９８８年
「大和村誌」　大和村誌編纂委員会（大和村役場）　２０１０年
「奄美民俗文化の研究」　小野重朗著（法政大学出版部）　１９９９年
「沖縄・奄美の衣と食」平敷令治・恵原義盛共著（明玄書房）　１９７９年
「沖縄・奄美の民間信仰」　湧上元雄・山下欣一共著（明玄書房）　１９７４年
「シマのことわざ ムンヌ シリハテヤネン」日高潤郎著（鮮明堂）　２００４年
写真集「奄美・ネリヤカナヤの人々　村」浜田太（南日本新聞開発センター）　２００１年
奄美の情熱情報誌「ホライゾン」Ｖｏｌ．１～33（奄美群島観光連盟・奄美群島広域事務組合・ホライゾン編集室）　１９９５～２０１１年

あとがき

料理好きの母の薦めで高校卒業後、栄養士を目指して東京の短大に入学しました。

料理と栄養学に明け暮れる毎日で、楽しい学生生活を送ることができました。島に帰省すると母が料理を任せて好きなようにさせてくれるので、学校で習った料理を毎日のように作り、家族が喜んでくれました。その経験がますます私を料理好きにしてくれたのかもしれません。1年生の年の暮れには、島では当時珍しかったおせち料理を作ってごらんと言われ、献立作成、買い出し、料理と張り切って作ったものです。初めて一人で作ったおせちは満足いくものでもなかったのにいつものように褒め、とても喜んでくれました。

卒業してからは栄養士として働き、30歳の時に初めて民俗学に出合いました。それまでは料理だけに傾倒していた私に、ガツンと響く言葉をかけてくださった恩人が三人います。お一人が奄美の民俗学の父といわれる恵原義盛先生。年中行事と料理をお尋ねした際に、2時間丁寧に細かく教えてくださり「これがあなたの財産ですよ」と言われましたが、その時の私にはまだ理解できませんでした。

それから奄美の民俗学・第一人者である山下欣一先生。先生が私に龍郷町史の「食」項目の執筆を薦めてくださったのが、私の民俗学の始めの一歩でした。何もできない私を奄美民俗談話会に誘ってくださり、懇切丁寧に教えてくださいました。

もうお一人は『島のジュウリ』の著者藤井つゆさん。島料理を教えに行かれる時によく誘っていただき、ご指導を仰ぎました。奄美市の婦人会にミキを教えてくださったこと、笠利前肥田のご自宅でお料理をふるまっていただいたことがとても印象深いです。先生の真摯な姿勢から島料理の真髄を学ぶことができました。その頃の私は毎日のように奄美大島を回り、年中行事の祭りと料理を調査していました。

その後、36歳の時に料理を文化として学ぶために沖縄に渡り民俗学を学び、以後、奄美や沖縄の料理に敬愛を表してきました。

奄美の伝承料理は宝です。世界一の長寿者を二人も育み、世界に誇れる奄美の財産です。この財産を活かしながら奄美の食文化を次代に継承していけたらと思っています。これまで奄美の食と関わり多くの方々から手ほどきを受けたように、この本が少しでも手にとる方々のお役に立つことを心から願っています。

ホライゾン編集室編集長の濱田百合子さん、写真家濱田太さんの絶大なるご協力を得て、念願の新しい本を出させていただきました。ここにたどり着くまでお世話になった方々に心よりお礼申し上げます。

久留　ひろみ

プロフィール

久　留　ひろみ

1950年、奄美大島生まれ。奄美食文化研究家。

女子栄養短期大学卒業（栄養士）・沖縄国際大学卒業（民俗学）・鹿児島大学大学院修了（比較民俗学修了）
2008「かごしまの新特産品コンクール」にて、「奄美の食卓」が鹿児島市長賞受賞。2010「奄美大島の自然飲料『ミキ』に関する研究」で鹿児島大学大学院連合農学研究科博士（学術）を取得。

■ スペシャルサンクス ■ （50音順・敬称略）

小　泉　武　夫（発酵学者・東京農業大学名誉教授）
田　畑　満　大（元奄美看護福祉専門学校薬草学科長）
原　口　　　泉（志學館大学人間関係学部教授）
福司山　エツ子（鹿児島女子短期大学名誉教授）

奄美の食と文化

2012（平成24）年　2月発行（第1刷）
2020（令和2）年　1月発行（第6刷）

発　　行／南日本新聞社
〒890-8603　鹿児島市与次郎1-9-33

著　　者／久留ひろみ・濱田百合子

写　　真／濱　田　　　太

資料作成／ホライゾン編集室（濱田百合子）
編　　集／TEL 0997（52）1210

制作・発売／南日本新聞開発センター
〒892-0816　鹿児島市山下町9-23
TEL 099（225）6854
FAX 099（227）2410

ISDN978-4-86074-185-3
C0077￥1800E
定価：1,800円＋税